utb 5466

Eine Arbeitsgemeinschaft der Verlage

Böhlau Verlag · Wien · Köln · Weimar
Verlag Barbara Budrich · Opladen · Toronto
facultas · Wien
Wilhelm Fink · Paderborn
Narr Francke Attempto Verlag / expert verlag · Tübingen
Haupt Verlag · Bern
Verlag Julius Klinkhardt · Bad Heilbrunn
Mohr Siebeck · Tübingen
Ernst Reinhardt Verlag · München
Ferdinand Schöningh · Paderborn
transcript Verlag · Bielefeld
Eugen Ulmer Verlag · Stuttgart
UVK Verlag · München
Vandenhoeck & Ruprecht · Göttingen
Waxmann · Münster · New York
wbv Publikation · Bielefeld

Uwe Prell

Die Stadt

Eine Einführung für die Sozialwissenschaften

Verlag Barbara Budrich
Opladen & Toronto 2020

Der Autor:
Dr. phil. habil. Uwe Prell,
Politikwissenschaftler, Historiker, freier Autor, Privatdozent, Berlin

Bibliografische Information der Deutschen Nationalbibliothek
Die Deutsche Nationalbibliothek verzeichnet diese Publikation in der Deutschen
Nationalbibliografie; detaillierte bibliografische Daten sind im Internet über
https://portal.dnb.de abrufbar.

Gedruckt auf säurefreiem und alterungsbeständigem Papier.

      utb-Bandnr.   **5466**
      utb-ISBN   **978-3-8252-5466-7**

Online-Angebote oder elektronische Ausgaben sind erhältlich unter
www.utb-shop.de.

Satz: Ulrike Weingärtner, Gründau – info@textakzente.de
Umschlaggestaltung: Atelier Reichert, Stuttgart
Titelbildnachweis: Uwe Prell, Berlin
Druck und Bindung: Pustet GmbH & Co. KG, Regensburg
Printed in Germany

DIE STADT IST DIE ANTWORT!
ABER WIE LAUTET DIE FRAGE?

Die meisten Menschen haben Wichtigeres zu tun, als sich mit der Frage zu befassen, was eine Stadt ist oder sein soll. Sie wissen ohnehin Bescheid, weil sie dort geboren sind oder die Arbeit, eine Reise, die Liebe, vielleicht sogar das Versprechen auf ein besseres Leben sie in die Stadt verschlagen hat, in der sie nun mal sind. Sie wissen genau, was ihre Stadt ihnen bietet und was nicht – sei es aus Erfahrung, aus Gesprächen oder aus dem Grund, weil ihr digitaler Assistent ihnen das empfiehlt. Die Wege, die zum Broterwerb führen, kennen sie ebenso wie die Läden oder die Spanne, die ein Dienst zur Lieferung benötigt. Und natürlich kennen sie jene Orte, an denen Zerstreuung und Unterhaltung im Angebot stehen. Schließlich haben viele ihre Stadt neuerdings bei der Pandemie im Stillstand erlebt.

So oder so: Einige lieben ihre Stadt, andere verachten sie, die meisten Menschen denken nicht weiter über die Welt nach, sofern sie funktioniert.

Vermutlich ist das so seit Erfindung der Stadt. *Neu* sind die Dimensionen. Zu keiner Zeit gibt es so viele Städte, zu keiner Zeit sind sie so groß. Mehr als die Hälfte der Menschheit lebt heute in der Stadt, und ein Ende des Wachstums ist nicht abzusehen. *Neu* sind ferner der Bedeutungsgewinn, den Städte erleben, sowie die Fülle ihrer Probleme und die Summen für Programme, die sich an Städte richten. Zu keiner Zeit steht die Selbstoptimierung so hoch im Kurs und zu keiner Zeit ist der Wettbewerb so hart. *Neu* sind schließlich auch die Dimensionen des Versagens und die Bedrohungen durch Krieg, Terror und Krankheiten, radikal sich wandelnde Ökonomien sowie durch den Ressourcenverbrauch und den selbst gemachten Wandel der Umwelt, allen voran des Klimas.

All das erfordert es, sich mit der Stadt in einer Weise zu befassen, die über den Alltag hinausreicht. Aber wie? So drängend die Probleme der Gegenwart sind, beim Versuch, sie zu lösen, gibt uns die Vergangenheit einen entscheidenden methodischen Wink. Der Archäologe *Hans J. Nissen* gelangt mit Blick auf die Anfänge der Stadt im *Orient* zu der Erkenntnis, dass sich die dortige Entwicklung „als das Ergebnis einer Reihe von spezifischen Antworten auf spezifische lokale Herausforderungen"[1] verstehen lässt. Dieser Gedanke enthält eine gute Idee: Wenn die Stadt eine Antwort ist – wie lautet dann die Frage? Mit anderen Worten: Für welches Problem ist die Stadt eine Lösung?

Das ist die Leitfrage dieses Buches. Sie enthält die These, dass die Stadt als Werkzeug verstanden werden kann – als ein altes, ungemein wandelbares und doch beständiges Werkzeug, um die eigenen und gemeinsamen Möglichkeiten

---

1   Nissen, Hans J. (2005), Vom Weiler zur Großstadt im frühen Vorderen Orient, in: Falk, Harry (Hrsg.), Wege zur Stadt. Entwicklung und Formen urbanen Lebens in der alten Welt. Bremen, S. 57. Ferner: Schmidt, Klaus (2005), Die „Stadt" in der Steinzeit, in: ebd., S. 25–38.

zu steigern. Werkzeuge lassen sich sehr unterschiedlich benutzen. Mit einem Spaten etwa können Gräben ausgehoben werden für die Mauern eines Hauses. Auch Nägel lassen sich mit einem Spaten in einen Pfahl treiben, um einen Zaun zu reparieren. Nicht verschwiegen werden darf allerdings, dass Spaten schon dazu benutzt wurden, Menschen um ihr Leben zu bringen. Die Eigenschaften eines Werkzeugs so genau wie möglich zu kennen, hilft es zu verstehen, zu handhaben und vor allem zu wissen, was es *nicht* kann.

Wenn die Stadt als Werkzeug gesehen wird, dann erstaunt es, wie viele Menschen es benutzen und wie wenig wir darüber wissen. Deshalb versucht dieses Buch etwas, das, wie der israelische Historiker *Yuval Noah* bemerkt, in unserer von bedeutungslosen Informationen überfluteten Gegenwart die vielleicht härteste Währung ist: Klarheit. Und Klarheit ist in einer überbordenden Zeit nichts anderes als Macht. Mehr Aufklärung über das wichtigste Werkzeug der Menschen, das ist der Anspruch dieses Buches.

Auf die Frage, was die Stadt auszeichnet, versucht dieser Band in der möglichst knappen Form eine Antwort. Zunächst wird begründet, warum das Werkzeug Stadt so wichtig ist. Anschließend folgt eine Befragung der wichtigsten Disziplinen über ihre Sicht. Einige Texte sind dabei allgegenwärtig. Deshalb bietet ein „Speeddating" mit maßgeblichen Expertinnen und Experten Einsichten in deren Gedanken und Erfahrungen. Beide Schritte sind zwar unerlässlich, sie führen aber zu keinem überzeugenden Ergebnis. Das bietet ein neuer Zugang, der eine Idee des Ökonomen und Soziologen *Werner Sombart* aufgreift. Im Vertrauen auf die Klugheit der Sprachen werden das Wort *Stadt* und die in ihm verankerten Bedeutungen in einem Dutzend Weltsprachen betrachtet. Diese der *Sprachphilosophie* folgende Idee offenbart etwas, das sich als die „Gene" der Stadt bezeichnen lässt.

Soweit die Theorie. In der Praxis ermöglicht diese Grundlage, die kaum noch zählbaren Stadtbegriffe, -konzepte und -typen so zu betrachten, dass ihre Bedeutung klarer wird. Vollständig wird das Bild mit einem Überblick über einige wichtige Themen, mit denen sich Städte heute auseinandersetzen. Abschließend erfolgt ein Blick in die Zukunft, von der so viel feststeht, dass sie sich in und mit der Stadt entscheidet, gleich ob wir uns dafür interessieren oder nicht.

All diese rationalen Gedanken ergeben ein akademisches Bild – und das ist das Mindeste, was von Akademikerinnen und Akademikern erwartet werden kann. Um immerhin anklingen zu lassen, dass diese Art der Beschäftigung selbstverständlich auch mit der Lebendigkeit und Sinnlichkeit urbanen Lebens vertraut ist, ergänzen einige hoffentlich inspirierende Exkurse dieses Bild.

Berlin, Herbst 2020

Inhaltsverzeichnis

I. DIE MÜHEN INTERDISZIPLINÄRER FORSCHUNG

Die Stadt liegt quer: Als Gegenstand der Wissenschaft ist sie in jeder Hinsicht zu groß, zu komplex, zu sperrig für einfache Antworten. Zahlreiche Kolleginnen und Kollegen führt das zum Schluss, holistische Antworten ganz zu verwerfen. Nicht nur deshalb steckt die Stadtforschung fest. Sie entwickelt sich in die Breite, bietet kleine Innovationen, aber kaum Fortschritt, und ein Überblick ist allenfalls für einzelne Disziplinen verfügbar. Ausgetretene Pfade genügen deshalb nicht.

Diese Einführung versucht einen neuen Weg und ist deshalb ein Experiment. Es beruht auf einer Erfahrung und der Begegnung mit einem der größten Widersprüche der zeitgenössischen Sozialwissenschaften.

Die Erfahrung gründet in einem aus den Fugen geratenen Arbeitstag auf der Messe *Shanghai*. Es ist spät, die Kolleginnen und Kollegen sind längst auf den Weg ins Hotel. Auf dem Vorplatz stellt sich heraus: Die öffentlichen Verkehrsmittel haben ihren Tagesdienst beendet, Taxis sind nicht mehr verfügbar. Weit nach Mitternacht bleibt einzig der Weg zu Fuß. Ungefähr zehn Kilometer. Schon zu diesem Zeitpunkt gilt Shanghai als eine der „Global Cities" zweiter Ordnung. Die Lektüre von *Saskia Sassens* gleichnamiger Studie noch im Kopf passiere ich auf dem Weg mehrere *Wohn- und Schlafstädte*, mindestens zwei *Gewerbestädte*, eine tadellose *Smart City*, eine *Altstadt* und schließlich in *Pudong* die *Global City*. Was also ist Shanghai, so die Frage am Ende des Wegs? Einer dieser Stadttypen? Eine Global City? Oder alles zusammen? Diese Gedanken provozieren die Grundsatzfrage: Was überhaupt ist eine Stadt?

All die beispielhaft genannten Stadttypen lassen sich zwar schlüssig beschreiben, wie sie aber zusammenhängen, ist unklar. Es fehlt an Kriterien für ein fundiertes Urteil.

Die Suche nach einer Lösung führt zu den Disziplinen, die sich mit der Stadt auseinandersetzen, und das offenbart einen Widerspruch. Auf der einen Seite sind sich alle einig, dass die Stadt komplex ist und ihr nur eine interdisziplinäre Bearbeitung gerecht wird. Die Stadtforschung hat sogar eine eigene Disziplin hervorgebracht, deren Anspruch der Überblick ist – die *Urbanistik*.

Doch dann kommt auf der anderen Seite die Praxis. Es ist fast unmöglich den Anspruch umzusetzen, denn die Wissenschaft ist nun mal in Disziplinen organisiert. So sind alle Stadtforscherinnen und -forscher mit dem Dilemma konfrontiert, sowohl die Notwendigkeit interdisziplinärer Arbeit zu kennen als auch den Aufwand kaum bewältigen zu können. Schließlich fürchten die Expertinnen und Experten – Schuster, bleib bei Deinen Leisten – die Kritik der jeweiligen Fachkolleginnen und -kollegen, wenn sie in anderen Fächern „wildern".

Pragmatismus regiert. Zwar erfordern die Fragestellungen fast immer den Blick über den Tellerrand hinaus, der wird im besten Fall auch riskiert, erfolgt jedoch fast immer zaghaft. Forscherinnen und Forscher, die interdisziplinäre Arbeit ernsthaft praktizieren, sind Ausnahmen wie *Saskia Sassen*, deren höchst innovative Studie „Global Cities" *Soziologie* und Ökonomie verbindet, was letztere bis heute herzlich ignoriert. Oder die Geographin *Elisabeth Lichtenberger*, die in ihren besten Arbeiten Erkenntnisse der *Geographie*, der *Geschichtswissenschaften*, der *Stadtplanung, Soziologie* und *Wirtschaft* zu erhellenden Einsichten verbindet.

Wer sich interdisziplinäres Arbeiten auflädt, riskiert einiges, wird aber oft belohnt mit Erkenntnissen, die anders nicht zu gewinnen sind. Auf dem mühsamen Weg sind z. B. Fragen zu beantworten wie diese: „Warum sollen Geographinnen und Geographen sich mit der für sie abseitigen Frage befassen, was das Wort ‚Stadt' in zwölf Weltsprachen bedeutet?" Dabei liegt die Antwort auf der Hand: Weil solche Erkenntnisse sie klüger und ihr Fachwissen wertvoller machen. Es wird dadurch nicht nur zu einem schön gearbeiteten Mosaikstein, sondern zum Teil eines erhellenden Bildes. Und es lässt sich so eine Hauptschwäche der Stadtforschung überwinden, die darin besteht, dass die verschiedenen Erkenntnisse kaum miteinander in Beziehung gesetzt werden. In der Folge kennen wir zwar von allem den Preis, aber von nichts den Wert.

Einen interdisziplinären Ansatz zu riskieren, führt auch zu der Frage, wer ihn vornimmt. Der Verfasser ist promovierter Politikwissenschaftler und habilitierter Historiker. Er befasst sich seit den 1980er Jahren mit dem Thema, zunächst empirisch-analytisch mit der Rolle Berlins im Ost-West-Konflikt. Später folgen im Auftrag des Senats von Berlin die redaktionelle Erarbeitung einer umfassenden Stadtenzyklopädie sowie methodische Überlegungen zur Stadtbeschreibung und zur Stadttheorie.

Sich interdisziplinär mit der Stadt zu befassen, heißt, sich mit allen Disziplinen auseinanderzusetzen. Das wichtigste Mittel für einen Überblick sind Handbücher, Enzyklopädien und Überblicksdarstellungen. Das erfordert zwar Zeit, in diesem Fall ungefähr zehn Jahre, und bedeutet, dem allgemeinen Trend des „publish or perish" nicht zu folgen, bringt aber oft überraschende Erkenntnisse.

Die vorliegende Einführung ist somit der Versuch, von anderen Disziplinen zu lernen. Bereichernd sind dabei nicht nur die Antworten, die die einzelnen Disziplinen geben, sondern vor allem ihre Art, Fragen zu stellen. Das hat meinen Blick auf die Stadt radikal verändert. In der Hoffnung, dass er anderen neugierigen Menschen hilft: zur Sache.

II. VOM NUTZEN EINES WERKZEUGS

Wir wissen nicht, wer die erste Stadt erbaut hat. Wir wissen weder wo noch wann sie errichtet wird, wir wissen nicht von wem und schon gar nicht warum. Indizien erlauben immerhin eine annäherungsweise Antwort. Auch wenn der Ort der ersten Stadt unbekannt ist, so lässt sich doch der Raum einigermaßen sicher bestimmen. Es ist der sogenannte *Fruchtbare Halbmond*, ein Begriff, den der amerikanische Ägyptologe und Historiker *James Henry Breasted* 1916 einführt. Beschrieben wird mit diesem Begriff das sogenannte Winterregengebiet nördlich der Syrischen Wüste.[2]

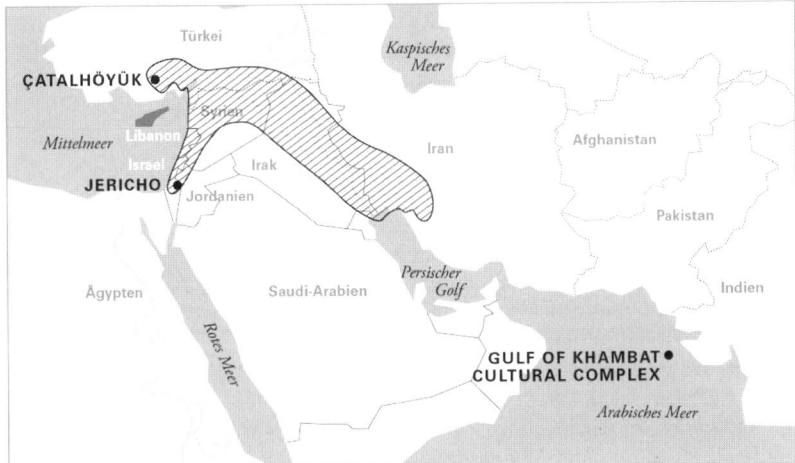

Abbildung 1: Der „Fruchtbare Halbmond" erstreckt sich von Südosten nach Südwesten und umfasst die nördlichen Ufer des Persischen Golfs, Teile der heutigen Staaten Irak, Syrien, Libanon, Israel, Palästina und Jordanien. Selbst der Norden Ägyptens wird gelegentlich dazu gezählt.

In dieser Region finden sich zahlreiche der heute bekannten Funde der ältesten Städte. Ob und welche von ihnen nun tatsächlich als erste oder älteste gilt, ist eine Frage der Definition. Ab wann gilt eine Siedlung als Stadt? Wenn sie die entsprechende Größe, also Einwohnerzahl und Ausdehnung hat? Wenn sich eine bestimmte Siedlungsdichte feststellen lässt? Wenn Reste von Großbauten nachweisbar sind? Wenn sich Arbeitsteilung, Vielfalt oder sogar überregionale Funktionen belegen lassen?

---

2   Wissenschaftlich präzise und auf dem aktuellsten Stand beschreibt Hans J. Nissen die Region in seiner Geschichte Altvorderasiens. Dabei skizziert er auch die landschaftlichen und klimatischen Bedingungen, die den Übergang zur Sesshaftigkeit ermöglichen. Nissen, Hans J. (2012), Geschichte Altvorderasiens. München, S. 6–11 und S. 23–29.

Je nach Sicht gibt es mehrere Kandidaten:

Çatalhöyük ist einer der Top-Favoriten. Diese Großsiedlung mit mehreren tausend ständigen Einwohnern liegt auf der anatolischen Hochebene in der heutigen Türkei. Mit ihrer *Größe* und *Dichte* weist sie zumindest zwei Merkmale auf, die Stadt ausmachen. Andere Eigenschaften, etwa eine *zentralörtliche Funktion*, lassen sich bisher nicht nachweisen. Allerdings sind bislang nur gut fünf Prozent des Hügels ausgegraben, sodass ein abschließendes Urteil verfrüht ist. Einigermaßen sicher lässt sich das Alter von Çatalhöyük bestimmen. Die ältesten Teile datieren auf ca. 7500 v. Chr., sind also ca. 9.500 Jahre alt.

Zwei Besonderheiten fallen auf: Zum einen entspricht Çatalhöyük nicht der landläufigen Vorstellung einer Stadt. Straßen und Plätze fehlen, die Häuser sind direkt aneinandergebaut und möglicherweise mit Leitern über die Dächer erschlossen worden. Zum anderen widerspricht gleich das erste Beispiel der gängigen Entwicklungstheorie von Städten.[3] Diese geht davon aus, dass kleinere Siedlungen allmählich zur Stadt wachsen. Das ist hier nicht der Fall. Soweit bisher erforscht, wird Çatalhöyük von Beginn an als Großsiedlung geplant und gebaut. Ein bislang ungelöstes Rätsel.

Ein weiterer Kandidat ist das in den heutigen palästinensischen Autonomiegebieten am Westufer des Jordans gelegene *Jericho*. Diese Gemeinde hat sich selbst den Titel „älteste Stadt der Welt" verliehen und stützt diese Deutung auf einen Turm- und Mauerrest. Dabei handelt es sich jedoch nicht um ein Stück der Stadtmauer, wie lange angenommen, sondern um eine lokale Besonderheit. Einigermaßen sicher ist jedoch, dass die ältesten Siedlungsspuren ins 10. Jahrtausend v. Chr. zurückreichen. Ob wir bei dieser Siedlung schon von einer Stadt sprechen können, ist unklar.

Ein dritter Kandidat für den Titel der ältesten Stadt liegt nicht im Fruchtbaren Halbmond. Um 2002 entdeckt, trägt er die nüchterne Bezeichnung GKCC, die für *Gulf of Khambat Cultural Complex* steht. Im zum Arabischen Meer gehörenden und vor dem indischen Bundesstaat Gujarat gelegenen Golf von Khambat entdecken Taucher in einer Tiefe von etwa 20–40 Metern eine Siedlung von beträchtlicher Größe. Ihre Erforschung hat gerade erst begonnen. Einer der gefundenen Artefakte, ein Stück Holz, wird gleich zweimal untersucht und auf 7190 sowie 7545–7490 v.Chr. datiert. Ob aus allem, was bisher bekannt ist, auf eine Stadt oder gar eine Zivilisation geschlossen werden kann, ist umstritten.

Çatalhöyük, *Jericho* und *GKCC* sind keine Städte. Alle drei sind allenfalls Vor- oder Frühformen größerer Siedlungen. Auf welche Fragen sie eine Antwort geben, ist ebenfalls noch unklar. Sicher ist hingegen, dass diese Antworten auf Dauer nicht getragen haben, denn all diese Funde sind bislang Solitäre und nichts deutet darauf hin, dass sich mit ihnen eine neue Siedlungsform dauerhaft etabliert. Ausstrahlungs- oder Nachahmungseffekte sind bislang nicht zu finden.

---

3   de.wikipedia.org/wiki/Stadtentstehung (23.8.20). Grundlegend zur Funktion als Zentrale: Christaller, Walter (1968, Original 1933), Die zentralen Orte in Süddeutschland. Darmstadt.

Abbildungen 2–4: Çatalhöyük in Anatolien, Rekonstruktion des Museums für Ur- und Frühgeschichte in Thüringen (Weimar) | Jericho | Gulf of Kumbat Cultural Complex (GKCC) vor der Küste Indiens.

Stattdessen folgt eine über 3.000 Jahre währende Periode ohne Funde von Großsiedlungen. Die Lebensform der Verdichtung des Lebens in größeren Siedlungen scheint sich langfristig dennoch als vorteilhaft aufgedrängt zu haben, und zwischen etwa 5000–4000 v. Chr. bewegen wir uns mit den Städten *Eridu, Ur, Tell Brak* und *Byblos*, alle im Fruchtbaren Halbmond gelegen, auf sicherem Grund. Von nun an setzt sich die Stadt dauerhaft als Siedlungsform durch.

So lässt sich vorerst zweierlei festhalten: Zum einen kennen wir die Räume, in denen die Stadt entsteht, selbst wenn der genaue Ort offenbleibt. Es sind der „Fruchtbare Halbmond", genauer Vorderasien, und (den *Gulf of Khambat Cultural Complex* berücksichtigt) nicht allzu weit entfernte Regionen. Alle in anderen Kulturen bisher gefundenen Großsiedlungen, sei es in *China* oder *Amerika*, datieren deutlich später.

Zum anderen kennen wir ungefähr die Zeit. Wenn wir die ältesten Funde als Vorformen betrachten, können wir sicher sagen, dass sich die Menschen spätestens in dem fünften vorchristlichen Jahrtausend, also seit gut 7.000–6.000 Jahren in größerem Umfang dazu entschlossen haben, in der Siedlungsform zusammenzuleben, die wir heute Stadt nennen.

Auf welche Frage ist die Stadt zu dieser Zeit eine Antwort? Die Erkenntnisse der Expertinnen und Experten lassen die Annahme zu, dass diese besondere Art des Zusammenlebens ab diesem Zeitpunkt genug Vorteile bringt, die sich auf Dauer bewähren, die neue Möglichkeiten öffnen und die eine Form finden, die flexibel genug ist, um sich neuen Bedingungen anzupassen. Hinter diese Erkenntnis gibt es seitdem keinen Schritt zurück. So gesehen ist die Stadt nicht nur eine Ansammlung von Bauten und Menschen, sondern vor allem ein Werkzeug und eine Methode – ein *Tool*.

Aus diesem Grund greift die immer wieder aufs Neue formulierte Aussage zu kurz, die *antike Stadt* könne etwa mit einer modernen *Industriestadt* oder gar einer *Smart City* nicht verglichen werden. Einerseits enthält diese Aussage eine Banalität. Denn natürlich entwickeln sich Kulturpraktiken und technologische Möglichkeiten weiter und prägen so die Städte in jeder Epoche. Andererseits stimmt diese Aussage schlicht nicht, denn wir hätten nicht das geringste Problem, etwa eine Stadt wie das 79 n. Chr. beim Ausbruch des Vesuv verschüttete und erst in der Neuzeit wieder ausgegrabene *Pompeji* binnen Stunden in Betrieb zu nehmen und mit urbanem Leben zu füllen, Infrastruktur inklusive, vom Streetfood-Stand bis zum WLAN.

Wichtig ist deshalb der Versuch, die Eigenschaften und den Charakter des Werkzeugs zu entschlüsseln, das die Menschen seit 200 bis 250 Generationen nutzen, das sich weltweit durchgesetzt hat und den Planeten prägt. Zweifellos einer der staunenswertesten Befunde der Menschheitsgeschichte. Und schon die genannten Beispiele weisen Merkmale auf, die heute noch gültig sind. Versuchen wir also, diese Merkmale zu entschlüsseln, und fragen zunächst die wissenschaftlichen Disziplinen, von denen sich eine Antwort erwarten lässt auf die Frage: Was ist eine Stadt?

III. THEORIE

A. Der wissenschaftliche Blick auf die Stadt

Wenn etwas berechnet werden muss, hilft die Mathematik, wenn eine Konstruktion ansteht, liefern die Ingenieurwissenschaften Antworten, bei Krankheiten, weiß die Medizin weiter. Wer ist zuständig für die Stadt? Alle und niemand, lautet die etwas ratlose Antwort, denn Städte sind so vielschichtig, dass eine Disziplin sich allenfalls um Teilaspekte kümmern kann. Weit über ein Dutzend Fächer leisten Beiträge, ohne dass der Überblick in *Tabelle 1* vollständig wäre.

Tabelle 1: Disziplinen der Stadtforschung

1)	Urbanistik	interdisziplinär; größtes Versprechen der Stadtforschung
2)	Soziologie	eng verwandt, aber nicht identisch; bieten substanzielle Forschungsbeiträge; haben aktuell die Deutungshoheit
3)	Stadtsoziologie	
4)	Ökonomie	befassen sich derzeit wenig mit der Stadt, verfügen aber über einen großen historischen Wissensstand; werden häufig von der Soziologie/Stadtsoziologie für ihre Thesen angeführt
5)	Stadtökonomie	
6)	Geographie	eng verwandt, aber nicht identisch.; vor allem die Geographie blickt weit über die eigenen Fachgrenzen hinaus
7)	Stadtgeographie	
8)	Stadtökologie	
9–10)	Raum- und Stadtplanung	in der Praxis dominant, theoretisch wenig reflektiert
11)	Architektur	
12)	Stadtmorphologie	
13)	Rechtswissenschaft	befasst sich mit der Stadt bei entsprechenden Anlässen; verfügt über einen großen historischen Wissensfundus
14)	Geschichtswissenschaften	befasst sich vor allem mit Reichen, Dynastien, Epochen, Ereignissen, Personen usw.; verantwortet zahlreiche Stadtgeschichten und -biographien; theoretisch-methodologische Überlegungen sind rar
15)	Archäologie	Hauptquelle für die Anfänge der Stadt
16)	Altertumswissenschaft	bietet wichtige methodische Grundlagen
17)	Landes-/Regionalgeschichte	individuell stark, methodologisch tradiert, in einigen Fällen innovativ
18)	Philosophie	bietet eine normative Sicht auf Städte
19)	Politikwissenschaft	konzentriert sich unvermindert stark auf die Kommunalpolitik, hat keine Antwort auf z. B. die Erkenntnis, dass Städte auch globale Player sind; möglicherweise bietet der Begriff „Urban Politics" einen neuen Ansatz
20)	Urban Politics	
21)	Social Science	englischer Sammelbegriff, der in Überblicksdarstellungen, Lexika und Sammelbänden Erkenntnisse bündelt

Einige Fächer haben Spezialdisziplinen gebildet, die z. T. mit verschiedenen Begriffen arbeiten.

Trotz aller Unterschiede sind sich alle Disziplinen darüber einig, dass sich das Phänomen Stadt nur interdisziplinär fassen lässt. So einhellig dieser Konsens ist, ihn umzusetzen erweist sich bisher als nahezu unmöglich. Wer maßt sich schon an, einen Überblick über mehr als 20 Fächer zu haben? So bleibt als erste Annäherung ein Blick in die großen Enzyklopädien, Einführungen und Sammelbände der Einzeldisziplinen, um einen ersten Überblick zu bekommen.

1. Das große Ganze (Urbanistik)

Die Urbanistik ist die vielleicht größte Verheißung der Stadtforschung. Als einziges Fach ist sie ausdrücklich interdisziplinär angelegt, hat den umfassendsten Ansatz und – nicht zu unterschätzen – den stärksten Begriff: „urbanitas". Der im Lateinischen wurzelnde Begriff meint ursprünglich eine stilistische Qualität des scharfsinnigen, eleganten und witzigen Ausdrucks. Diese Konnotation schwingt noch heute mit, wenn Modelabels, Möbelhersteller, Immobilienportale und andere mehr nur den Begriff in ihre Firmenbezeichnung aufnehmen. Die moderne wissenschaftliche Verwendung des Begriffs geht zurück auf den katalanischen Stadtplaner *Ildefons Cerdá*. Er sucht nach dem Abriss der Stadtmauern von *Barcelona* einen neuen stadtplanerischen Ansatz, findet aber kein Referenzwerk und schreibt es deshalb selbst. Seine „Allgemeine Theorie der Urbanisierung" von 1867 entwirft ein neuartiges städtisches Gewebe, um das Leben geselliger zu gestalten.[4] Das ist sein Rezept für eine zeitgemäße Urbanität. In Cerdás Arbeit taucht der Begriff Urbanität in der Moderne zum ersten Mal auf. Bis heute nutzt ihn die Wissenschaft meist soziologisch-beschreibend oder ästhetisch-normativ.

In der Entwicklung des Fachs lassen sich die verschiedenen Debatten gut verfolgen. So prägt die 1970er Jahre, um nur ein Beispiel zu nennen, der heute kaum noch genutzte Begriff der „Planung", der als eines der Wunderheilmittel für fast alles gilt. Gegenüber solchen Generalisierungen sind die aktuellen Debatten zurückhaltender, das Themenspektrum ist jedoch breiter, und die Offenheit, neuere Methoden zu reflektieren, ist ausgeprägt.

Gleichzeitig wird der Begriff programmatisch genutzt, um normative, stadtplanerische Forderungen zu bündeln; so etwa *„new urbanism"* ab Ende der 1980er Jahre als Gegenbewegung zur Zersiedlung jenseits der Zentren (*„urban sprawl"*).

Die weite Fassung des Begriffs erlaubt solche Deutungen. Das ist seine Stärke – und seine Schwäche. Eine analytisch scharfe Definition des Begriffs gibt es nicht. Konsens besteht immerhin darüber, dass Urbanistik verschiedenste Disziplinen und Ansätze integriert, aber eigentlich kein übergeordneter Begriff ist. „Wie kein anderer vergleichbarer Begriff", so ist es in einer der wichtigsten Arbeiten formuliert, „beinhaltet ... Urbanistik sowohl eine grundsätzlich disziplinübergreifende Perspektive ..., als auch ein Zusammendenken der ver-

---

4   Sennett, Richard (2018), Die offene Stadt. Eine Ethik des Bauens und Bewohnens. Berlin, S. 54.

schiedenen, im Prozess der Stadtentwicklung betroffen Ebenen, also Analyse, Planung/Entwurf, Steuerung/Umsetzung und kritische Reflexion über das Erreichte."[5] „Zusammengeführt", so der Soziologe *Peter Noller*, „wird unter diesem Begriff aber noch gar nichts. Dazu braucht es eine konkrete Fragestellung, ein Programm oder ein wissenschaftliches Konzept. … Urbanistik kittet zusammen, was Urbanität ausmacht". In der Tat: Eine eigene Methodik oder gar Theorie hat die Urbanistik noch nicht entwickelt. Strukturelles Denken dominiert, das sich wie in anderen Fächern stark am traditionellen Ebenenmodell orientiert. Diese Denkfigur ist eines der großen Probleme der Stadtforschung: Sie stellt sich die Organisation der Welt in hierarchischen Ebenen vor und unterscheidet zwischen *global, international, national, regional* und *kommunal.* Die Stadt ist auf der letztgenannten Ebene verortet. Diese Sicht hat den großen Mangel, dass sie die globalisierte Gegenwart nicht überzeugend erfasst und ein Phänomen wie die *Global City* kaum erklären kann. Nicht nur in dieser Hinsicht harren die Grundbegriffe des Fachs der Klärung.

Frey, Oliver; Koch, Florian (Hrsg.) (2011a), Positionen zur Urbanistik I. Stadtkultur und neue Methoden der Stadtforschung, Wien, Berlin.

Frey, Oliver; Koch, Florian (Hrsg.) (2011b), Positionen zur Urbanistik II. Gesellschaft, Governance, Gestaltung. Wien, Berlin. *Die besten Sammelbände zum aktuellen Stand, die ich kenne.*

Welchen Beitrag zur Erklärung der Stadt liefert die Urbanistik? Ihr Begriff ist stark, und ihr Anspruch wird der Stadt gerecht. Ein scharfes Profil hat die Urbanistik bislang allerdings nicht. So ist sie vorerst ein Versprechen, verbunden mit der Hoffnung, dass sich das Fach „in den nächsten hundert Jahren als akademische Disziplin besser durchsetzen" kann. Die Deutungshoheit über das Thema hat diese Disziplin jedoch nicht, sie liegt bei der Soziologie und Stadtsoziologie.

2. Stadt als Gesellschaft (Soziologie und Stadtsoziologie)

Keine andere Fachrichtung befasst sich so umfassend und intensiv mit der Stadt wie die Soziologie. Schon die Gründergeneration mit *Max Weber, Ferdinand Tönnies* und *Georg Simmel* hinterlässt bis heute einflussreiche Überlegungen, von denen einige im nächsten Kapitel ausführlicher vorgestellt werden.[6] Zahlreiche Arbeiten der Anfangszeit erweisen sich als große Inspiration, allen voran die einflussreichste Schule der Stadtdeutung, die *Chicago School*.

---

5   Alle Zitate auf dieser Seite aus: Frey, Oliver; Koch, Florian (Hrsg.) (2011), II. Gesellschaft, Governance, Gestaltung. Wien, Berlin. Im Einzelnen: Tilman Harlander, S. 17. Peter Noller, S. 15–16. Sibylla Zech, S. 14. Klaus R. Kunzmann, S. 19.

6   Tönnies, Ferdinand (1887), Gemeinschaft und Gesellschaft. Abhandlung des Communismus und des Socialismus als empirischer Culturformen. Darmstadt, S. 26–27. Simmel, Georg (1984, Original 1903), Die Großstädte und das Geistesleben, in: Simmel, Georg, Das Individuum und die Freiheit. Berlin, S. 192–204. Weber, Max (2000, Original 1922), Studienausgabe der Max Weber Gesamtausgabe. Abt. I. Schriften und Reden. Bd. 22. Wirtschaft und Gesellschaft: die Wirtschaft und die gesellschaftlichen Ordnungen und Mächte; Nachlass Teilband. 5. Die Stadt. Herausgegeben von Winfried Nippel. Tübingen.

Zu ihren wichtigsten Protagonisten zählen *Robert Ezra Park, Ernes Burgess* und *Lewis Wirth*. Angeregt von Weber und Simmel, bei dem Park 1899/1900 in *Berlin* studiert, gründet er in den 1920er Jahren an der *University of Chicago* das *Sociology Department*, wo Pionierarbeiten zur Mikrosoziologie sowie Minderheiten- und Armutsstudien entstehen. Realitätsnähe, Sendungsbewusstsein und der Wille, ein breites Publikum zu erreichen, charakterisieren die zum Kanon der Stadtforschung zählenden Arbeiten. Gleichzeitig fällt an den Arbeiten ihre „Abkopplung von und die Gleichgültigkeit gegenüber der Stadt" auf.[7] Für sie ist die Stadt ein gesellschaftliches Experimentierfeld, ein Labor. In der Tat darf die Lebendigkeit der Chicagoer Arbeiten nicht darüber hinwegtäuschen, dass ihr Blick sehr mechanisch und formal ist. Er zielt auf *Social Engineering,* und die Stadtgestaltung ist ihr Werkzeug.

Insofern lässt sich die *Chicago School* als Gegenpol zu einer weiteren wichtigen Position verstehen, für die etwa *Jane Jacobs* mit ihrem Buch „Tod und Leben großer amerikanischer Städte" steht. Sie wendet sich gegen die Sicht der Stadt als lediglich funktionales System und plädiert, so *Richard Sennett*, „für gemischte Viertel, informelles Straßenleben und lokale Kontrolle", statt für große Masterpläne.

Das generiert eine doppelte Frontstellung: Zum einen ist Jacobs Position eine Absage an die großen Entwürfe von *Ildefons Cerdá* (für *Barcelona*) über *Georges-Eugène Baron Haussmann* (für *Paris*) und sogar *Frederick Law Olmstedt* (für *New York*) bis zur einflussreichen *Charta von Athen*. Zum anderen greift sie damit einen der großen, ebenfalls linken Positionen zuneigenden Stadtforscher an: *Lewis Mumford*. Der sieht Jacobs Position skeptisch und kontert im „Namen des Sozialismus", wer die „von oben kommende Macht des Kapitalismus bekämpfen wolle, benötige dazu eine richtige Gegenkraft". Schon hier wird deutlich, dass soziologische Positionen eng mit städtebaulichen und architektonischen Sichten verwoben sind.

Für die Soziologie und die Stadtsoziologie lässt sich zunächst festhalten, dass insbesondere die Arbeiten der ersten beiden Generationen bis heute Fixpunkte der Forschung sind. Von ihnen ausgehend gewinnen in der zweiten Hälfte des 20. Jahrhunderts drei Entwicklungslinien an Einfluss:[8]

1) Ab den 1960er/70er Jahren entstehen auf der Linken zunehmend (raum-) soziologische Überlegungen, die durch *Henri Lefebvre* einen bedeutenden Impuls erhalten. Von ihm lässt sich später ein Pfad bis zu *Manuel Castells* „Raum der Ströme" verfolgen. Sie deuten die Stadt sozialräumlich mit

---

7   Sennett, Richard (2018), S. 91; das Zitat unten auf dieser Seite ebenso S. 91.
8   Castells, Manuel (1996–1998), The Information Age: Economy, Society, and Culture. Oxford, Malden MA. | Vol. 1 (1996), The Rise of the Network Society. | Vol. 2 (1997), The Power of Identity. | Vol. 3 (1998). End of Millennium. Ferner: Hoffmann-Axthelm, Dieter (1993), Die dritte Stadt. Frankfurt a. M. Häußermann, Hartmut; Siebel, Walter (2004), Stadtsoziologie. Eine Einführung unter Mitarbeit von Jens Wurtzbacher. Frankfurt a. M., New York City. Sassen, Saskia (1991), The Global City: New York, London, Tokyo. Princeton.

dem Ziel, die diagnostizierten Mängel, etwa die ungerechte Chancenverteilung, durch eine Neustrukturierung/-verteilung des Raums zu beheben. Besonders grundlegend ist *Dieter Hoffmann-Axthelm*, der für eine radikale Neubewertung und -aufteilung der städtischen Räume, letztlich für eine Neugründung der Stadt plädiert.

2) Ein weiterer Entwicklungsstrang behandelt die Stadtplanungen der Nachkriegszeit sowie ab den 1990er Jahren die politisch-räumliche Neukonstituierung Mitteleuropas. Aus dieser Diskussion etabliert sie die Teildisziplin Stadtsoziologie. Beispielhaft dafür stehen die Arbeiten von *Hartmut Häußermann*, die die die Bandbreite des Themas ausloten.

3) Die zweifellos wichtigste Linie diskutiert die epochale, sich zunehmend mit der *Digitalisierung* verschränkende *Globalisierung* in und durch Städte. Wegweisend ist hier *Saskia Sassens* Buch „The Global City". Sie erkennt in diesem Stadttyp den maßgeblichen Motor der Globalisierung. Das läuft auf eine komplette Neubewertung der Rolle der Stadt in den *Internationalen Beziehungen* hinaus. Die grundstürzende, einen Paradigmenwechsel einleitende Bedeutung von Sassens These wird erst allmählich klar.

Vor allem die erst- und letztgenannte Sicht führen zu einem Kernproblem der soziologischen Stadtforschung, der Abgrenzung von Stadt und Gesellschaft. Der Begriff der *Gesellschaft* ist die vielleicht wichtigste Kategorie der Soziologie. Ihre Wurzeln reichen zurück bis zu Aristoteles' Sicht auf den Menschen als *zóon politikón*, als von Natur aus in Gesellschaft lebendes Wesen. Populär wird der Terminus mit der Aufklärung, und das aufstrebende Bürgertum nutzt ihn, um sein Selbstverständnis, und seine Ansprüche als „bürgerliche" Gesellschaft zu formulieren – im Gegensatz etwa zum Fürstenstaat.

Stets ist der Begriff mit räumlichen Vorstellungen verknüpft, wobei der *Staat* seit der Neuzeit die vorherrschende Denkfigur ist. Er steht für ein hierarchisches Gedankengebäude. Danach ist die Gesellschaft eine Hauptkategorie, unter der verschiedene Institutionen wie Staat, Familie, Recht oder Erziehung als Unterkategorien angeordnet sind. Auch die Stadt lässt sich in diese Hierarchie einfügen. Solange die Grenzen klar erscheinen, ist dieses Modell schlüssig. Das gilt vor allem im durch Staaten geprägten 19. und 20. Jahrhundert, einer Phase, in der Staat und Gesellschaft kaum unterschieden werden müssen. Die Gegenwart beherrschen jedoch andere Phänomene wie globale Finanzströme, die Digitalisierung oder neue Formen des Zusammenlebens. Sie sind mit den traditionellen Begriffen nicht mehr trennscharf fassbar. Zwar werden Kategorien wie Familie, Staat und Gesellschaft nicht bedeutungslos, aber einerseits ändern sich die mit ihnen verbundenen Inhalte und andererseits reicht ihre Erklärungskraft für das aktuelle Zusammenleben nicht mehr aus. So wie es heute nicht mehr möglich ist, die Stadt nur als Unterkategorie des Staates zu sehen, so überzeugt es nicht, Stadt als Unterkategorie der Gesellschaft aufzufassen.

Verschärft wird dieses Problem dadurch, dass viele Autoren die Stadt als die maßgebliche *Bühne* betrachten, auf der gesellschaftliche Konflikte verhandelt werden. Gesellschaft und Stadtgesellschaft müssen für sie nicht unter-

📖 *Zusätzlich zu den in Kapitel II.B. ausführlich behandelten Klassikern Max Weber, Werner Sombart und Georg Simmel:* Tönnies, Ferdinand (1887), Gemeinschaft und Gesellschaft. Abhandlung des Communismus und des Socialismus als empirischer Culturformen. Darmstadt.

Mumford, Lewis (1963, Original 1961), Die Geschichte der Stadt. Köln, Berlin. *Linksliberal mit großer Geste und großem Überblick.*

Jacobs, Jane (2015, Original 1961), Tod und Leben großer amerikanischer Städte. Gütersloh, Berlin. *Vertritt eine Gegenposition zu Mumford.*

Immer noch eine der besten Antworten auf die Frage, was eine Gesellschaft ist: Popitz, Heinrich (2011), Allgemeine Soziologische Theorie. Konstanz. Der Band veröffentlicht Popitz gleichnamige Vorlesung aus dem Jahr 1966. *Zum Thema lesenswert vor allem die Vorlesungen I–VI, S. 15–90.*

schieden werden. Am radikalsten vertritt diese Sicht der in Kapitel III.B.6. kurz vorgestellte Soziologe *Jürgen Friedrichs*: Er lehnt eine solche Unterscheidung konsequent ab.[9] So bleibt die Verortung der Stadt die Hauptherausforderung der soziologischen Stadtforschung. Dazu gibt es derzeit keine herrschende Meinung. Neuere Arbeiten der *Raumsoziologie* versuchen auf die Entgrenzung und Dynamisierung des Raumes Antworten zu finden. In dieser Hinsicht sind sie dem politikwissenschaftlichen Begriff *Governance* vergleichbar, der seinerseits die Grenzen des klassischen Politikbegriffs überwinden und ein neues Verständnis etablieren möchte. Andere Autorinnen und Autoren schlagen vor, nur noch von unterschiedlich verdichteten Raumstrukturen zu sprechen.

In dieser Abstraktion lässt sich weder dem einen noch dem anderen widersprechen. Und doch bleibt die Schlussfolgerung unbefriedigend. Stadt, Staat und Gesellschaft auf Raumstrukturen zu reduzieren, die dann nur noch zu beschreiben und zu berechnen sind, überzeugt nicht. Zugespitzt ist in dieser Sicht eine Stadt nur noch eine Form, in der Menschen vorrangig in Abhängigkeit von Raumstrukturen leben – ein eindimensionales Bild der Menschen und ihrer Welt.

Diese Sicht berührt eine alte, weit über die Soziologie hinausreichende, anthropologische und philosophische Debatte. Sie lässt sich auf die Kontroverse zuspitzen, ob die Strukturen, also die Umstände, die Menschen beherrschen oder die Menschen die Umstände. Allgemein ist diese Frage kaum sinnvoll zu beantworten. Da beides sich wechselseitig beeinflusst, sind überzeugende Antworten nur für konkrete Fälle möglich.

Die herausfordernden Fragestellungen erklären die enorme Bandbreite und Vielfalt soziologischer Ansätze. Sie erklären auch die zahlreichen kleinen, aber feinen Unterschiede innerhalb und zwischen Soziologie und Stadtsoziologie. So nahe sie einander sind, im Detail unterscheidet sich ihr Verständnis erheblich. Bis heute hat diese Forschungsrichtung deshalb keinen analytisch verbindlichen Stadtbegriff definiert. Stattdessen gibt es eine Vielzahl oft ähnlicher, gelegentlich sich auch grundlegend widersprechender Stadtbegriffe, wie die zahlrei-

---

9   Friedrichs, Jürgen (1977), Stadtanalyse. Soziale und räumliche Organisation der Gesellschaft. Reinbek. Zur Raumsoziologie: Löw, Martina (2001), Raumsoziologie. Frankfurt a. M. Löw, Martina (2008), Soziologie der Städte. Frankfurt a. M. Löw, Martina; Steets, Silke; Stoetzer, Sergej (2007), Einführung in die Stadt- und Raumsoziologie. Opladen, Farmington Hills.

chen Lexika und Handbücher belegen. Begnügen sich die Lexikonartikel meist mit wenigen Kriterien, steigt deren Zahl mit Etablierung der Stadtsoziologie. Doch fast nie werden diese Merkmale zu einer Definition verdichtet. Wenn sich hier ein Konsens feststellen lässt, dann bezieht er sich auf die Begriffe *Größe*, *Dichte* und *Vielfalt*, ohne die keine Beschreibung auskommt, die allein aber nicht hinreichen, um Stadt zu beschreiben. So liefern die Fächer zwar keine verbindliche Definition, dafür aber eine Vielzahl fundierter Beiträge zum Verständnis der Stadt.

Ein weiterer Punkt ist bemerkenswert: Von der Gründergeneration bis in die Gegenwart bemühen sich soziologische Arbeiten um einen Blick über die eigene Disziplin hinaus. Ein starkes Interesse gilt dabei der Ökonomie, ohne dort bislang auf wirklich leidenschaftliche Gegenliebe zu stoßen.

3. Stadt als Markt (Ökonomie und Stadtökonomik)

Für die Ökonomie ist die Stadt heute ein Nebenthema. Ausführliche Auseinandersetzungen sind die Ausnahme, wenn überhaupt, wird die Stadt knapp abgehandelt. Ein gutes Beispiel findet sich im renommierten „Gablers Wirtschaftslexikon". Es widmet der Stadt ganze drei Sätze, die es allerdings in sich haben und von denen es lohnt, die Essenz zu zitieren: Stadt ist „im Gegensatz zum Land bzw. ländlichen Raum eine größere, verdichtete Siedlung mit spezifischen Funktionen in der räumlichen Arbeitsteilung und politischen Herrschaft, abhängig von der gesellschaftlichen Organisation und Produktionsform".[10] Trotz der Knappheit nennt der Text immerhin fünf Merkmale: 1) den Gegensatz zum Land, 2) Größe und Verdichtung, 3) räumliche Arbeitsteilung, 4) politische Herrschaft sowie 5) deren Abhängigkeit von Gesellschafts- und Produktionsform. Dieses Verständnis verweist auf einen wichtigen Zusammenhang: Wenn Arbeitsteilung und politische Herrschaft abhängig sind von der Form von Produktion und Gesellschaft, dann bilden letztere die Basis. Das ist eine klare Priorisierung. Damit steht die Definition in der Tradition von *Max Weber*, der Stadt vor allem ökonomisch begründet und ihre Funktion als Markt hervorhebt. Seltsamerweise bezieht sich der Text nicht auf diesen Argumentationspfad, weder Markt noch Weber werden überhaupt erwähnt.

Insgesamt fällt an der Auseinandersetzung des Fachs mit der Stadt auf, dass es sich kaum auf andere Disziplinen bezieht. Dabei setzt sich die Ökonomie durchaus mit nicht im engeren Sinne zum Fach gehörenden Themen auseinander, so etwa die Volkswirtschaftslehre, die immer wieder neu das Verhältnis von Staat und Wirtschaft diskutiert. Hier dominiert seit den 1980er Jahren der *Neoliberalismus* mit seinem Trend zur Privatisierung, was für die Stadt zwei wichtige Folgen hat:

---

10   Gablers Wirtschaftslexikon (2004), Wiesbaden. Bd. 1, S. 2756–2758, Bd. 2, S. 1701–1705.

1) Zum einen wird die Stadt im Zuge der *Globalisierung* zum weltweiten Akteur. Dabei fällt eine eigentümliche Entkopplung auf: Zwar wird die Globalisierung vielfach und ausführlich behandelt, aber der entsprechende Stadttyp erscheint in ökonomischen Abrissen so gut wie nie, oft nicht einmal als Beispiel.

2) Zum anderen gehört in diesen Diskussionszusammenhang die einst einflussreiche und gut erforschte, heute jedoch nur noch ein Schattendasein fristende *Stadtökonomik* bzw. *Kommunalwirtschaft*. Im 19. und frühen 20. Jahrhundert hat sich dieses Feld in zahlreichen europäischen Städten zu einem beachtlichen Wirtschaftszweig mit einflussreichen städtischen Betrieben entwickelt. Insbesondere das aufstrebende Bürgertum nutzt die Kommunalwirtschaft, um sich in der noch höfisch geprägten Gesellschaft ihren Platz zu erobern.

Im letzten Drittel des 20. Jahrhunderts reduzieren die Städte diese Aktivitäten oder geben sie ganz auf. Defizitäre Haushalte, die Notwendigkeit, Kosten zu sparen, und der Wunsch nach mehr Effizienz sind die Hauptgründe für diese Entwicklung. Das löst zwar einige Probleme, schafft aber auch neue Abhängigkeiten, insbesondere von privaten Anbietern, was wiederum die Fähigkeit begrenzt, die eigenen Geschicke zu steuern. Inzwischen wird diese Entwicklung kritisch gesehen und teilweise revidiert.

Die derzeit wieder leicht im Aufschwung befindliche Stadtökonomik konzentriert sich heute auf 1) die Entwicklung urbaner Gebiete, die Analyse von 2) Entwicklungsmustern in urbanen Gebieten, 3) die räumliche Dimension urbaner Probleme, 4) die räumlichen Aspekte von Lokalpolitik und 5) die Beziehung zwischen Stadt und Peripherie.

Was also tragen Ökonomie und Stadtökonomik zum Verständnis der Stadt bei? Um es sportlich auszudrücken: Im Moment spielt vor allem die Ökonomie eindeutig unter ihren Möglichkeiten. Zumal ein großes Thema auf das Fach zurollt: Angesichts des Wachstums der Erdbevölkerung von 2,53 Milliarden im Jahr 1950 auf bald 8 Milliarden, des weiter wachsenden Ressourcenbedarfs sowie der Umweltfolgen, ist absehbar, dass die nunmehr seit rund drei Generationen am liberalen Verständnis von Markt und Wachstum orientierten Wirtschaftslehren nur noch begrenzte Zeit tragen. Technologische Innovationen allein beantworten diese Frage nicht. Da in diesem Prozess die städtischen Räume eine Schlüsselrolle spielen, ist mittelfristig ein deutlich größeres Interesse an der Stadtökonomik und ein Umdenken zu erwarten. Es ist davon auszugehen, dass die 1919 in China ausgebrochene Pandemie und die weltweiten ökonomischen Folgen dieses

📖 Glaeser, Edward (2011), Triumph of the City. How urban spaces make us human. London. *Bestes Buch des besten Experten.*

O'Sullivan, Arthur (2008), Urban Economics. McGraw-Hill/Irwin, 2011. *Internationale Einführung.*

Mills, Edwin; Hamilton, Bruce W. (1994), Urban Economics. New Jersey. *Zählt zu den Pionierarbeiten der regionalen Ökonomie.*

Schäfer, Michael (2014), Kommunalwirtschaft. Eine gesellschaftspolitische und volkswirtschaftliche Analyse. Wiesbaden. *Guter Überblick.*

Umdenken beschleunigen. Die räumliche Orientierung der Stadtökonomik als Anker genommen, lenkt den Blick zunächst auf den Stadtraum. Das bringt jene Disziplinen ins Spiel, die sich genau damit befassen.

4. Stadt als Naturraum (Geographie, Stadtgeographie, Stadtökologie und Klimaforschung)

Geographie und Stadtgeographie

Geographie und Stadtgeographie zählen in ihren Auseinandersetzungen mit der Stadt zu den innovativsten Disziplinen. Mit großem Engagement haben sie in den letzten Jahren substanzielle Arbeiten hervorgebracht. Dabei weist ihr Verständnis einige Eigenheiten auf, wie das folgende Beispiel zeigt. Das „Lexikon der Geographie" versteht unter Stadt eine „administrative Einheit mit Stadtrecht und bestimmter Einwohnerzahl, Bevölkerungsdichte sowie Erwerbsstruktur der Bevölkerung".[11] Diese fast in allen geographischen Arbeiten pflichtschuldig angeführten Merkmale sind so wenig aufregend wie fachspezifisch. Um das Pflichtbewusstsein noch zu bekräftigen, werden sie – ein Ritual aller Disziplinen – mit der Absage an jede Art von holistischem Stadtbegriff kombiniert.

Niemand wäre verwundert, ginge es nach diesem Vorbehalt nun zum Gegenstand. Stattdessen haben die Geographen eine besonders große Leidenschaft dafür entwickelt, ihre Ansage sofort, nachdem sie ausgesprochen ist, in den Wind zu schlagen und den Begriff – natürlich nur für ihre Zwecke – doch zu definieren. Dies geschieht dann so sorgfältig und präzise wie in kaum einem anderen Fach. So kennt die Geographie nicht nur eine Handvoll, sondern deutlich mehr Merkmale, die Stadt charakterisieren. Dazu zählen 1) eine größere, in Gruppen oder Schichten gegliederte Einwohnerzahl, 2) relativ geschlossene Ortsform und 3) dichte Bebauung, 4) Konzentration von Arbeitsstätten und zwar 5) außerhalb der Landwirtschaft, 6) Multifunktionalität, 7) arbeitsteilige Tätigkeit der Bevölkerung

Die Fachliteratur besticht durch Sorgfalt, präzise Argumentation und originelle Ansätze. Von allen Disziplinen blickt die Geographie am weitesten über den Tellerrand. Durchweg empfehlenswert sind die Handbücher.

Lichtenberger, Elisabeth (2002), Die Stadt. Von der Polis zur Metropolis. Darmstadt. *Essenz einer der renommiertesten Geographinnen und einer der wenigen Forscherinnen, die interdisziplinär gedacht haben.*

Herausragend: Paddison, Ronan (Ed.) (2001), Handbook of Urban Studies. London, Thousand Oaks, New Delhi. Paddison, Ronan; Timberlake, Michael (Eds.) (2010), Urban Studies. Economy. Los Angeles, London, New Delhi, Singapore, Washington DC. Vol. I: What are Cities? – Vol. II: The Urban Economy – Vol. III: Connected Cities – Hinterlands, Hierarchies, Networks and Beyond –Vol. IV: Political Economy of Real Estate – Social and Political Aspects of Urban Development.

Paddison, Ronan; Ostendorf, Wim (Eds.) (2010), Urban Studies. Society. Los Angeles, London, New Delhi, Singapore, Washington DC. Vol. I: Cities as Social Spaces – Vol. II: Experience the City – Vol. III: Designing and Planning Cities – Vol. IV: Cities, Ideas and Ideals

---

11 Brunotte, Ernst; Gebhardt, Hans; Meurer, Manfred; Meusburger, Peter; Nipper, Josef (Hrsg.) (2002), Lexikon der Geographie in 4 Bänden. Heidelberg, Berlin. Bd. 2, S. 262.

im sekundären und tertiären Sektor, 8) zentralörtliche Funktion, 9) Bedeutung als Verkehrszentrum, 10) eine Lebensform, die sich von jener der ländlichen Bevölkerung unterscheidet, 11) innere Differenzierung, insbesondere 12) ‚die Ausbildung von Stadtvierteln. So präzise die Fächer die Merkmale herausarbeiten, zu einem Gesamtbegriff werden sie dennoch nicht verdichtet.

Immerhin ist mit diesen Merkmalen die Stadt recht genau beschrieben. Diese Sorgfalt lässt sich mit einer historischen Erfahrung begründen. Insbesondere die Arbeiten nach dem Zweiten Weltkrieg lassen sich als Antwort auf Argumentationen des 19. und der ersten Hälfte des 20. Jahrhunderts sowie ihrem Missbrauch verstehen. Beispielhaft dafür steht die einflussreiche „Anthropogeographie"[12] von *Friedrich Ratzel*. Einerseits betrit der Autor mit seiner an *Charles Darwins* Evolutionstheorie orientierten „Politischen Geographie" Neuland, andererseits nutzten die Nationalsozialisten diese als Begründung für ihre mörderische Lebensraumideologie. In der Folge legt das Fach bis heute große Sorgfalt auf die Reflexion seiner zentralen Begriffe.

Wen die Sorgfalt der Disziplin beeindruckt, den wundert nicht, dass die Stadtforschung diesem Fach einen, ja *den* Meilenstein verdankt: die achtbändige Reihe „Urban Studies" versammelt 146 Aufsätze von durchweg hochkarätigen Autoren – inklusive maßgeblicher Klassiker von *Max Weber, Lewis Mumford, Louis Wirth* bis *Fernand Braudel*.

Stadtökologie

Die *Stadtökologie* ist ein noch vergleichsweise junges Fach, wenngleich seine Wurzeln ins 17. Jahrhundert zurückreichen. Als einer der ersten befasst sich der englische Botaniker *Thomas Fairchild* mit dem Thema und weist in seinem Buch „The City Gardener" 1722 erstmals auf die Erholungsfunktion von Parks und Gärten sowie auf die negativen Folgen der Luftverschmutzung hin.

Aktuell konzentriert sich das im Spannungsfeld von Stadt und Ökologie angesiedelte Feld auf die Erforschung 1) städtischer Lebensräume mit ökologischen Fragestellungen und Methoden, 2) die Analyse von Städten als Ökosystemen, insbesondere die Betrachtung ganzer Städte mit Blick auf den „ökologischen Fußabdruck" sowie 3) die Definition von Kriterien für die Stadtplanung und -entwicklung mit dem Ziel einer „ökologischen" bzw. „nachhaltigen" Stadt.

Klimaforschung

Ein enger Zusammenhang besteht mit der *Klimaforschung*. Sie hat in den letzten Jahren wichtige Erkenntnisse erarbeitet. Im Grundsatz besteht zum einen Einigkeit über die Tatsache, dass sich das Klima durch menschliche Einflüsse erheblich verändert. Zum anderen lässt sich pauschal nur annähernd sagen, wo-

---

12   Ratzel, Friedrich (1975, Original 1891), Anthropogeographie. Darmstadt, S. 464–509.

rin diese Veränderungen genau bestehen und wie sie sich im Einzelnen auswirken.[13] Konkrete Prognosen gibt es inzwischen für zahlreiche Städte. Während beispielsweise die Zahl der Sommertage in Mitteleuropa (über 25°) zu Beginn des Jahrhunderts bei etwa 35–37 pro Jahr liegt, steigt sie bis zum Ende des Jahrhunderts auf 89–92 pro Jahr. Für verdichtete Städte hat das weitreichende Folgen.

Auf die Frage, was eine Stadt ist, bieten die Geographie, Stadtgeographie, Stadtökologie und Klimaforschung hochrelevante, präzise und fundierte Antworten. Das methodische Werkzeug, um die urbanen Naturräume zu beschreiben, ist inzwischen sehr differenziert. Lücken bestehen insbesondere bei der Ökologie und der Klimaforschung. Zwar gibt es sowohl für die lokale wie die globale Ebene überzeugende Forschungsergebnisse, wie sich aber beide miteinander verbinden und welche Wechselwirkungen bestehen, ist bislang immerhin als Fragestellung formuliert. Eng verbunden mit den naturräumlichen Fächern sind die Disziplinen, die den Stadtraum aktiv gestalten.

5. Stadt als Gestaltungsraum (Raumplanung, Stadtplanung, Architektur und Stadtmorphologie)

Diese vier Fächer sind vorrangig praxisorientiert. Stadtplanung und Architektur zählen zu den ältesten Disziplinen, die Stadt gestalten. Die Ausplanung, Strukturierung und Nutzung des Raumes ist ihr Hauptgegenstand. Beginnen wir mit der *Raumplanung*; ihre Sicht auf die Stadt enthält einige interessante Besonderheiten. Wichtig ist beispielsweise das Attribut „raumbeanspruchend", eigentlich ein geographisches Argument, da es über die schlichte Größe hinausreicht, Stadt als „Raumkörper" versteht und somit aktuelle Eindrücke gerade von großen Städten treffend erfasst. Die Betonung der „Schwere" und „Kompaktheit" ergänzen das Bild.

Befasst sich die *Raumplanung* mit der Beschreibung und Aufteilung des Raumes, blickt die *Stadtmorphologie* auf die Stadtform und die physischen Formungsprozesse innerhalb der Siedlungskörper. Die Parzellen, ihre Bebauung und deren Entwicklung stehen im Mittelpunkt des Interesses. Dabei sind Stadtgrundrisse und ihre Analyse die wichtigsten Werkzeuge.

 Die Literatur dieser Fächer ist kaum überschaubar. Drei erhellende Titel:

Sitte, Camillo (2002, Original 1889), Der Städtebau nach seinen künstlerischen Grundsätzen. Wien. Online: e-rara.ch/zut/doi/10.3931/e-rara-18721 (23.8.20)

Heinrich, Klaus (2015), Dahlemer Vorlesungen – Karl Friedrich Schinkel/ Albert Speer. Arch+, Ausgabe 219 vom 20.07.2015. *Der Religionswissenschaftler will wissen, wie Klassizismus und nationalsozialistische Architektur zusammenhängen. Faszinierend und augenöffnend.*

Posener, Julius (1978–83), Vorlesungen I–V. Arch+ Ausgaben 48 (1.12.1979), 53 (1.9.1980), 59 (1.10.1981), 63/64 (1.7.1982), 69/70 (1.8.1983). *Magisch.*

---

13 Rahmstorf, Stefan; Schellhuber, Hans Joachim (2006), Der Klimawandel. München.

Alle vier Fächer formulieren ihr Verständnis von der Stadt nur selten. In ihren Reflexionen sagen sie viel darüber, was sie für die Stadt geleistet haben, gelegentlich auch, welche Fehler unterlaufen sind, und fast immer werden Ideen formuliert, wie Städte sein können und sollen. Was die Disziplin jedoch unter Stadt versteht, sagt sie so gut wie nie.[14] Das erscheint offenbar als so selbstverständlich, dass es keine weitere Erläuterung erfordert. Im Kontrast zu diesem Befund stehen Einzelpersonen, die sich grundlegend mit der Stadt befassen. Oft sind ihre Überlegungen radikal, manchmal polemisch und stets interessant. Die Beispiele reichen von *Le Corbusiers* Schrift „Urbanisme" von 1925 bis zu *Rem Koolhaas'* städtebaulichen Überlegungen „Delirious New York" von 1999. Gelegentlich artikuliert die Architektur grundlegende Gestaltungsansprüche wie der *Congrès Internationaux d'Architecture Moderne (CIAM)*, der sich zwischen 1928 und 1954 mit dem Städtebau befasst. Die einflussreiche *Charta von Athen* für den Städtebau der Zukunft von 1933 zählt zu den bekanntesten Ergebnissen.

Alle vier Fächer haben bis heute keinen eigenen, räumlich akzentuierten Stadtbegriff entwickelt, der als herrschende Meinung gelten kann. So beantwortet insbesondere die Architektur die Frage, was sie unter der Stadt versteht, fast durchweg ausweichend und öffnet stattdessen ihre Wundertüte der Möglichkeiten. Die Stadt scheint für sie vorrangig ein Gegenstand des ästhetischen, technischen und sozialen Engineering. Geerdet werden solche Sichten durch ein Fach, das heute meist übersehen wird, wenn es um die Stadt geht – die Jurisprudenz.

---

14 Das zweibändige „Oxford Companion to Architecture" behandelt Architekten, Ingenieure, Designaspekte, Bautypen, die Architektur zahlreicher Länder, Epochen und Stilrichtungen, bietet Begriffsdefinitionen, befasst sich mit Materialien, Bewegungen, Dienstleistungen und Strukturen, doch die *city*, die *town* und *urbanism* haben keine eigenen Texte. Die dreibändige Textsammlung zum Städtebau von Vittorio Magnago Lampugnani u. a. bietet 167 Texte. Sie geben Aufschluss über das architektonische Denken von der Aufklärung bis zur Gegenwart. Ein Text, der erklärt, was unter einer Stadt zu verstehen ist, fehlt. Goode, Patrick (Ed.) (2009), Oxford Companion to Architecture. Oxford. Lampugnani, Vittorio Magnago; Frey, Katia; Perotti, Eliana (Hrsg.) (2008), Anthologie zum Städtebau. Von der Stadt der Aufklärung zur Metropole des industriellen Zeitalters. Bd. I.1. und Bd. I.2. Berlin. Düwel, Jörn; Gutschow, Niels (2019), „Ordnung und Gestalt". Geschichte und Theorie des Städtebaus im 20. Jahrhundert. 1922 bis 1975. Berlin.

6. Stadt als Regelwerk (Rechtswissenschaft)

Das Recht ist seit *Babylons* Zeiten eines der wichtigsten Instrumente für die Regelung von Konflikten. Es umfasst alle Lebensbereiche, darunter vielfach Fragen, die in und für Städte relevant sind und dort verhandelt werden. Die Stadt selbst ist gegenwärtig nicht oft Gegenstand des Fachs und spielt nur ausnahmsweise eine Rolle. Das sagt diese Disziplin auch in der ihr eigenen Sprache: „Die Bezeichnung einer größeren Gemeinde als S. (ist) nach den Gemeindeordnungen der Länder i. d. R. ohne rechtliche Bedeutung."[15] Für im Recht ungeübte Menschen

> *Zum Stadtrecht:* Bader, Karl Siegfried; Dilcher, Gerhard (Hrsg.) (1999), Deutsche Rechtsgeschichte. Land und Stadt – Bürger und Bauer im Alten Europa. Berlin, Heidelberg, New York.

heißt das, dass die Stadt kein eigenständiges Rechtsorgan ist – im Unterschied zum Staat und seinen Gliedstaaten, den Bundesländern. Sie ist nichts weiter als „eine der vielen Sonderbezeichnungen für die Gemeinde".

Eine hier nicht weiter vertiefte Ausnahme sind *Städtepartnerschaften*. Wichtiger – und die Begründung dieser Prognose folgt am Ende des Abschnitts – sind historische Fälle, von denen neben dem mittelalterlichen „Stadtrecht" noch ein zweiter Fall skizziert werden soll: *„Berlin (West)"* – und zwar genau so und nicht anders geschrieben. Im einen Fall macht „Stadtluft frei", in dem sich ein Recht entwickelt, das als Vorläufer des Rechtsstaats gesehen werden kann. Im anderen Fall tragen das Besatzungsrecht und seine Anwendung dazu bei, dass aus einem *Kalten Krieg* kein heißer Krieg wird. Beide historischen Beispiele bergen einen spannenden Fundus an Spezialwissen und Erkenntnissen dieser Disziplin.

Daraus zu schließen, dass die Stadt auch künftig kein Thema für die Rechtswissenschaft sein wird, greift zu kurz. In einer Phase der *Globalisierung* und *Urbanisierung* ist beispielsweise zu beobachten, dass sich Städte zunehmend als globale Player etablieren. Damit gerät die Stadt immer mehr in das Spannungsfeld zwischen nationalen und internationalen Interessen.

Es ist unwahrscheinlich, dass diese nicht auch zu Auseinandersetzungen führen, in denen das Recht über kurz oder lang eine maßgebliche Rolle spielt. Somit gehört nicht allzu viel Mut zu der Prognose, dass der einstweilen historisch erscheinende Fundus an Präzedenzfällen in nicht allzu ferner Zeit wieder benötigt wird. Das ist der gegenwärtig wichtigste Beitrag der Rechtswissenschaft zum Thema Stadt.

---

15 Weber, Klaus (Hrsg.) (2011), Rechtswörterbuch. München, S. 1121. Zum Stadtrecht: Tilch, Horst; Arloth, Frank (Hrsg.) (2001), Deutsches Rechts-Lexikon. Bd. 3. München, S. 3959. Preuss, Hugo (1906), Die Entwicklung des deutschen Städtewesens. Bd. 1: Entwicklung des deutschen Städtewesens. Leipzig, S. 3, 4 und 5.

ⓘ Stadtrecht

Das deutsche Stadtrecht, ein Erbe des Mittelalters, knüpft an das in Mitteleuropa verbreitete Stadtrecht an, das wiederum mit der italienischen und über sie mit der *antiken römischen Stadt*, nicht zuletzt mit *Rom* selbst, verbunden ist. Dort ist die Stadt „das Zentrum alles politischen und sozialen Lebens, das umgebende Land lediglich Herrschaftsgebiet und Nährboden der dominierenden Stadt; wo sich Kultur auf dem Lande entwickelt, zeigt auch sie durchaus städtischen Charakter. Die ganze Kultur ist urban."[16] Sie stößt gegen Ende der Antike mit dem agrarisch geprägten Germanien zusammen; und beides durchdringt „sich in den gewaltigen Evolutionen der Völkerwanderung".

Während in der Antike der Unterschied zwischen Stadt und Land eher „ein wirtschaftlicher und quantitativer als ein rechtlicher und qualitativer" ist, schieben sich in Deutschland die Städte „Oasen (gleich) in das flache Land hinein". Anders als in der Antike bilden die Städte keine Einheit mit ihrer Umgebung, sondern stehen untereinander „in sozialer und politischer Interessengemeinschaft und in einem ebensolchen Interessengegensatz zum flachen Lande".

Gilt in Frankreich die mittelalterliche Stadt als „Keimzelle des modernen Staates", so ist das Reich ein Flickenteppich, in dem die Städte herausragen und sich oftmals zu Bündnissen zusammenschließen, wie der *Hanse*, dem *Rheinischen Bund* oder dem *Schwäbischen Bund*. All das erklärt, weshalb Land- und Stadtverfassung in Deutschland unterschiedlich sind und die deutschen Städte im Mittelalter einen eigenen Rechtsstatus entwickeln.

Der Jurist *Gerhard Dilcher* beschreibt dessen Bedeutung am prägnantesten: „a) Die Stadt besitzt ein eigens, spezifisch städtisches Recht, das sie vom umliegenden Land und ... dem Landrecht unterscheidet; b) darüber hinaus kann es besagen, dass die Stadt als Bürgerschaft in besonderer Weise rechtlich verfasst ist, die städtische Gesellschaft ihr Zusammenleben durch rechtliche und nicht andersartige soziale Normen geregelt hat"

Die Stadt grenzt sich ab vom Land – und deshalb macht die liberalere „Stadtluft frei". Das geregelte Leben in der Stadt wird so zum Vorläufer des Rechtsstaats. Zwar ist das Stadtrecht längst Geschichte, doch die mit dem Thema verbundenen Fragen sind erstaunlich aktuell. Es geht um die Deutung der Stadt, ihr Verhältnis zum Umland und zum Staat sowie zu anderen Städten oder Organisationen. Insofern ist das Stadtrecht ein Erfahrungsspeicher, der auch Erkenntnisse und Ideen für das Verständnis der Moderne enthält.

---

16   Alle Zitate des Kastens stammen von: Dilcher, Gerhard (1999), Stadtrecht, in: Bader, Karl Siegfried; Dilcher, Gerhard (Hrsg.) (1999), Deutsche Rechtsgeschichte. Land und Stadt – Bürger und Bauer im Alten Europa. Berlin, Heidelberg, New York, S. 1863.

☐ *i*   *Berlin (West)*

In Berlin wird das Recht zu einem der maßgeblichen Instrumente, um das Überleben der Stadt im *Kalten Krieg* zu sichern. Gemeint ist das so unwahrscheinliche wie seltsame Leben der Stadt Berlin (West) zwischen 1945–1990. Die Existenz und ihr Überleben verdankt diese Stadt einer Idee. Sie besagt, dass es angesichts eines mörderischen Krieges doch möglich sein müsste, nach dessen Ende die Zukunft gemeinsam zu gestalten. Und zwar selbst dann, wenn die Siegermächte über Hitlerdeutschland grundlegend unterschiedliche Weltanschauungen haben.

Nach dem Ende des Zweiten Weltkrieges setzen die Hauptsieger USA, Sowjetunion, Großbritannien und Frankreich diese Idee um. Das gemeinsam besetzte Deutschland wird aufgeteilt in vier Zonen sowie das gemeinsam verwaltete Berlin. Zunächst funktioniert das System zumindest 1945 und teilweise noch 1946. Dann kommt es zum Bruch, und zeitweise ist offen, ob er nicht zu einem neuen Krieg führt. Mehrfach stehen die ehemaligen Alliierten knapp davor. Da keine Seite nachgibt, greift das alte Prinzip „Teile und herrsche". Berlin, Deutschland, Europa und die Welt werden aufgeteilt in Ost und West. Allerdings hat diese Teilung einen Schönheitsfehler. Die *Westsektoren* Berlins liegen neben dem *Ostsektor* und zusammen mit diesem inmitten der *Sowjetisch Besetzten Zone (SBZ)*. West-Berlin wird buchstäblich zur Insel – politisch, wirtschaftlich und kulturell. Grundlage ist das *Besatzungsrecht*, das erst eine Generation später im Zuge der unerwarteten Vereinigung aufgehoben wird. Im Detail ist der Rechtsstatus Berlins einer der spannendsten juristischen Fälle, die die internationale Rechtsgeschichte bietet. Heute noch wichtig sind die Erkenntnisse, die dieses Recht bietet, um Krisen zu lösen.

1) In einer Situation, in der ein Krieg droht, kann es eine humanere und in jeder Hinsicht preiswertere Lösung sein, einen solchen Konflikt „einzufrieren". Im Zweifel ist ein *Kalter Krieg* – so lähmend er sein mag – immer noch besser als ein heißer. Diplomatie und Recht sind die wirkungsvollsten Instrumente, um in verfahrenen Situationen Konflikte vielleicht nicht zu lösen, aber doch zu entschärfen.

2) Das innovativste Rechtsinstrument ist die „Salvatorische Klausel". Sie besagt: Wir sind uns einig, dass wir uns über Grundsatzfragen nicht einig sind. Dessen ungeachtet beschließen wir, Grundsatzkonflikte auszuklammern – und auszuhalten – sowie gleichzeitig miteinander in einen Dialog zu treten. Als *Entspannungspolitik* wird sie Mitte der 1960er bis 1970er Jahre umgesetzt. Ihr Erfolg ist trotz aller Mängel das vielleicht wichtigste diplomatiegeschichtliche Erbe des 20. Jahrhunderts.

3) Die dritte Erkenntnis besteht darin, dass es unter der Voraussetzung der beiden erstgenannten Erkenntnisse entscheidend darauf ankommt, sorgfältig, geduldig, ja pedantisch die Details zu regeln. Die zwischen Ost und West über und in Berlin geschlossenen Abkommen und Regelungen zeigen, dass es sich lohnt. Sie bildeten die Grundlage dafür, dass eine fragile Balance überhaupt bestehen kann und die Möglichkeit zur Vereinigung offenbleibt.

7. Stadt als Erfahrungsspeicher (Geschichtswissenschaften)

Die historischen Wissenschaften zählen zu den ältesten Disziplinen, die sich mit Städten befassen. Dabei stechen zwei Pfade heraus: Auf der einen Seite stammen nahezu alle relevanten Stadtgeschichtsschreibungen von Historikern; auf der anderen Seite zählt die Stadt begrifflich nur in einem Nebenzweig zu ihrem Handwerkszeug. Während Staats-, National-, Global-, ja sogar Gesellschaftsgeschichte ebenso umfassend durchbuchstabiert sind wie Epochen oder Themen, wird die Stadt über den Einzelfall hinaus selten thematisiert.

So abwesend die Stadt in den methodischen und theoretischen Überlegungen der Geschichtswissenschaft ist, so präsent ist sie in der Praxis. Wie in einem Wimmelbild verschwindet sie dabei oft in größeren Zusammenhängen, insbesondere wenn die Namen von großen Reichen und Städten identisch sind wie in den Fällen von *Babylon, Athen* oder *Rom.*

Substanzielle Erkenntnisse haben allerdings die raren systematischen Überlegungen von Historikerinnen und Historikern erbracht. Wer fragt, was sie unter einer Stadt verstehen, erhält z. B. folgende Antwort: Um als Stadt zu gelten, muss eine Siedlung „eine langfristige Nutzung, eine topographische und administrative Geschlossenheit sowie eine Mannigfaltigkeit der Bausubstanz aufweisen, ferner eine größere Bevölkerungszahl als Voraussetzung für ausgeprägte berufliche Spezialisierung, soziale Differenzierung und eine Funktion der Siedlung als Zentralort für ein Umland, insbesondere auch im ökonomischen Bereich".[17] *Größe, Einheit, Vielfalt, Dauerhaftigkeit, Bausubstanz* und *Zentralfunktion* sind danach die Merkmale, die die Stadt zur Stadt machen. Das unterscheidet sich wenig von der Sicht anderer Fächer. In weiteren Betrachtungen wird gelegentlich noch der urbane Lebensstil ergänzt; das innovative Argument des Archäologen *Hans J. Nissen* von der Stadt als „Antwort auf spezifische lokale Herausforderungen" ist bereits genannt.

Speist sich diese Sicht aus der Beschäftigung mit den Anfängen der Stadt, so bietet die *Landes- und Regionalgeschichte* eine Reihe von Pionierleistungen im grundlegenden Nachdenken über die Stadt. Beispielhaft dafür stehen die bei einer Tagung gebündelten Erkenntnisse des „Instituts für vergleichende Städtegeschichte"

📖 Kolb, Frank (2002), Rom. Die Geschichte der Stadt in der Antike. München. *Guter Überblick und guter Einstieg.*

Nissen, Hans J. (2005), Vom Weiler zur Großstadt im frühen Vorderen Orient, in: Falk, Harry, Wege zur Stadt. Entwicklung und Formen urbanen Lebens in der alten Welt. Bremen, S. 39–59. *Grundlegend.*

Johanek, Peter; Post, Franz-Joseph (Hrsg.) (2004), Vielerlei Städte. Der Stadtbegriff. Köln, Weimar, Wien. *Band zu einer Tagung des „Instituts für vergleichende Städtegeschichte", Münster. Beste Auseinandersetzung mit dem Stadtbegriff.*

---

17 Kolb, Frank (2010), Tatort „Troja". Geschichte, Mythen, Politik. Paderborn, München, Wien, Zürich, S. 280–281. Zum Stadtbegriff: Heit, Alfred (2004), Vielfalt der Erscheinung – Einheit des Begriffs, Eine Stadtdefinition in der deutschsprachigen Stadtgeschichtsforschung seit dem 18. Jahrhundert, in: Johanek, Peter; Post, Franz-Joseph (Hrsg.), Vielerlei Städte. Der Stadtbegriff. Köln, Weimar, Wien, S. 1–12. Dort findet sich auch das Zitat von Schmoller, das auf der folgenden Seite wiedergegeben wird.

in *Münster*. Dort präsentiert *Alfred Heit* eine der bis heute besten Abhandlungen zum Stadtbegriff.

Ausgehend von *Immanuel Kant* zeichnet er eine Entwicklungsgeschichte des deutschen Stadtbegriffs in den Sozial- und Geisteswissenschaften nach, stellt Querbezüge her, reflektiert das Erkenntnisinteresse einzelner Autoren und Schulen und bietet kluge Interpretationen. Erhellend sind die herausgearbeiteten Pfade und Verbindungen zwischen *Georg von Below*, *Gustav von Schmoller*, *Werner Sombart* und *Max Weber*, die es lohnt kurz zu skizzieren: Von Belows Leistung, so Heit, besteht darin, dass dieser die von der Forschung erarbeiteten Kriterien in seine rechtlich fundierte Auffassung integriert. Schmoller wiederum, „Belows Gegenspieler", geht deutlich über die bisherige Forschung hinaus und entwickelt eine der bis dahin umfassendsten Stadtdefinitionen. *Größe, Arbeitsteilung, Markt, Mittelpunkt, Einheit, politische und rechtliche Bedeutung* – zahlreiche der unvermindert relevanten Merkmale finden sich bei ihm. Obgleich universell angelegt, hat diese Definition aber auch ein auffälliges Defizit. Es fehlt das sakrale Element, das er durch den Begriff „geistiger Mittelpunkt" lediglich andeutet.

(*i*) *Gustav von Schmollers Stadtverständnis*

„Die Stadt ist ein größerer Wohnplatz als das Dorf, aber zugleich ein solcher, wo Verkehr, Handel, Gewerbe und weitere Arbeitsteilung Platz gegriffen hat, ein Ort, der auf seiner Gemarkung nicht mehr genügend Lebensmittel für alle Bewohner baut, der den wirtschaftlichen, verwaltungsmäßigen und geistigen Mittelpunkt seiner ländlichen Umgebung bildet. Man denkt aber ebenso daran, dass er mit Straßen und Brücken, mit Marktplatz, mit Rat- und Kaufhaus und anderen größeren Bauten versehen, dass er durch Wall, Graben und Mauern besser als das Dorf geschützt sei, wofern ein solcher Schutz überhaupt noch nötig ist, endlich daran, dass eine höhere, politische und Gemeindeverfassung, gewisse Rechtsbezüge besitze."

Werner Sombart wiederum hat ein anderes Ziel. Statt enzyklopädischer Vollständigkeit oder ganzheitlicher „Wesensbestimmung geht es ihm um eine funktionale, auf moderne wissenschaftliche Spezialisierung hin orientierte Definition".

Max Weber schränkt seine gleichfalls übergreifende Definition auf den Begriff der „Stadt des Okzidents" ein und benennt fünf Merkmale: 1. Die *Befestigung*, 2. der *Markt*, 3. eigenes Gericht und mindestens teilweise eigenes *Recht*, 4. *Verbandcharakter* und damit verbunden 5. mindestens teilweise *Autonomie*. In seiner Definition fließen „herrschaftliche, ökonomische, rechtliche, politisch administrative und korporative Merkmale zusammen". Ein spannender Pfad, den Heit beschreibt und der das Potenzial einer vielversprechenden Methode zeigt.

Zusammenfassend erscheint das allgemeine Verständnis der Stadt in der Geschichtswissenschaft nur auf den ersten Blick wenig ausgeprägt. Sie liefert aber maßgebliche Antworten zum Verständnis der Stadt – einerseits durch zahlreiche Fallbeispiele, andererseits durch grundlegende methodische Arbeiten, insbesondere der *Altertumsforschung* sowie der *Regional- und Landesgeschichte*.

8. Stadt als Hoffnung und Enttäuschung (Philosophie)

Noch grundsätzlicher argumentiert die Philosophie. Ihr Blick ist ermutigend und erschreckend zugleich. Am Anfang steht *Aristoteles'* bis heute aktuelle Sicht auf die Stadt als Erziehungsanstalt. Das ist stark und typisch für die Auseinandersetzung der Philosophie mit dem Thema. Für Aristoteles sind Stadt und Staat Mittel zum Zweck, ein, ja *das* Werkzeug zum „besseren" Leben. Seine Betrachtungen sind durchweg funktional und instrumentell-normativ. Drei Stränge prägen seitdem die philosophische Debatte.

Staatsphilosophie: Eng mit der *Politikwissenschaft* verknüpft, erhält sie nach den griechischen Philosophen mit *Ciceros* „De re publica" wichtige Impulse, setzt sich bis ins *Mittelalter* im Christentum und im Islam vorrangig mit dem Verhältnis von Staat und Religion auseinander, bevor sie in der Neuzeit weiter auffächert. Fast alle philosophischen Ansätze mischen dabei empirische Beobachtungen mit normativen Setzungen.

Rechtsphilosophie: Dieser Strang ist umfassender als die Staatsphilosophie und zugleich eng mit ihr verknüpft, da jede Rechtsphilosophie auf Annahmen über den Staat fußt. *Immanuel Kant, Georg Wilhelm Friedrich Hegel* und *Johann Gottlieb Fichte* haben sich damit ausführlich auseinandergesetzt, im 20. Jahrhundert *Gustav Radbruch, Hans Kelsen*, in fragwürdiger Weise *Carl Schmitt* und in neuerer Zeit umfassend *John Rawls*. Dies bleibt ein wichtiger Pfad, und die Ermessung seiner Bedeutung in Zeiten der Globalisierung und Digitalisierung steht erst am Anfang.

Utopien sind die vielleicht einflussreichste, auf jeden Fall aber schillerndste Seitenlinie der Staatsphilosophie. Namensgebend für diesen Zweig ist *Thomas Morus'* „Utopia" von 1516. Das „Denken nach vorn", so *Ernst Bloch*, ist jedoch älter, und schon bei *Platons* Staatskonstruktion finden sich utopische Züge. Utopien beschwören die Träume und Alpträume, um sie zu verhindern, und zielen so auf eine bessere Zukunft. Fast immer wird die Stadt dazu genutzt, um solche Vorstellungen zu illustrieren. Gelegentlich handelt es sich um imaginäre Länder und Städte, die ein Berichterstatter bereist, Landschaften werden oft detailliert beschrieben, doch ihren Stresstest bestehen muss jede Utopie in der Stadt. Noch bis zu Beginn des 20. Jahrhunderts prägt Zukunftsoptimismus die philosophischen Arbeiten. Seitdem dominiert Skepsis. Für *Jean-François Lyotard*, z. B., ist das Leben in der Stadt ein gescheitertes Projekt der Moderne. Die urbanistische Utopie eine „Kultur für das Volk" zu erzeugen, ist misslungen, und die Städte sind zu touristischen Museen einer obsoleten Lebensform verkommen – eine depressive

Das beste und am wenigsten bekannte Standardwerk: Ritter, Joachim; Gründer, Karlfried (Hrsg.) (1976–2007), Historisches Wörterbuch der Philosophie. Basel. Online: schwabe-online.ch vom 23.8.2020.

Lyotard, Jean-François (1995), Toward the Postmodern. New Jersey. *Einer der einflussreichsten Texte der letzten Jahrzehnte, der das Ende der großen Erzählungen verkündet.*

Lefebvre, Henri: (1968), Le droit à la ville. Paris. *Der Marxist Lefebvre ist einer der wenigen Philosophen, der sich in der zweiten Hälfte des 20. Jahrhunderts direkt mit der Stadt befasst hat.*

Sicht. Positive Utopien bietet die Philosophie heute nicht; diese Gattung ist vollständig ins *Marketing* ausgewandert.

Solche Beobachtungen führen zu einer der Merkwürdigkeiten philosophischen Denkens. Die Philosophie hat zwar eine ausgeprägte staatsphilosophische Traditionslinie hervorgebracht, aber keine Stadtphilosophie. So ist es kein Zufall, dass das Fach keinen eigenen Stadtbegriff entwickelt hat. Zusammengefasst fallen drei Dinge auf:

Funktionaler Blick: Die Stadt als Stadt interessiert die Philosophie nicht. Ähnlich der Soziologie wird sie z. B. bestenfalls zum Objekt für Gesellschaftsdiagnosen, um alte Konzepte zu kritisieren, neue zu entwickeln und mit Argumenten zu testen. Wie in der Soziologie ist auch in der Philosophie das Problem der Verortung der Stadt in ihren Denkgebäuden nicht gelöst.

Ganzheitlicher Blick: Zu den Aktiva zählt der Anspruch der Philosophie auf einen holistischen Blick.

Normativer Blick: Auffällig ist schließlich der durchweg normative Blick. Die Stadt als Ideal wie bei Aristoteles oder, wie bei Lyotard, als gescheitertes Projekt – zwischen diesen Polen pendeln die Betrachtungen. Nach welchen Kriterien dann geurteilt wird, bleibt oft unklar. Das ist bei utopischen Entwürfen anregend, bei Antiutopien vor allem Zeitkritik. So erscheinen die europäische und nordamerikanische Philosophie einstweilen wie der missgelaunte Bruder – die Philosophie ist nach wie vor überwiegend männlich geprägt – in der akademischen Familie. Der Bezug auf Aristoteles' emphatisches Lob von der Stadt als einziger Möglichkeit vom „guten und richtigen" Leben hallt zwar noch nach, doch der Rest ist enttäuschte Hoffnung: von welchen Erwartungen?

Über die Erwartungen, die Menschen an eine Stadt haben, über die Art, wie sie dieses Werkzeug nutzen, abstrakter: über Strukturen, Akteure, Prozesse und deren Rückwirkungen gibt die folgende Disziplin Auskunft.

9. Wege aus dem Niemandsland (Politikwissenschaft)

Die Politikwissenschaft könnte die Königsdisziplin der Stadtforschung sein, doch gegenwärtig interessiert sie das Thema nur am Rande. Noch im späten 19. Jahrhundert ist das anders, und zur Blütezeit der einst einflussreichen *Staatswissenschaft* entstehen wegweisende Forschungen.[18] Seitdem und verstärkt durch die

---

18 Nur ein Beispiel: Das erstmals 1889–1896 und zuletzt 1989 erscheinende „Staatslexikon" bietet eine differenzierte, funktionale Stadtdefinition und sieht Stadt als „wesentlich auf Handel, Gewerbe und Industrie aufgebaute, mit Selbstverwaltung ausgestattete Großsiedlung. ... Vom Dorf unterscheidet sie sich u. a. durch die weiträumige Gliederung, dichtere Bebauung, die Ballung von Produktions-, Verwaltungs- und Kultureinrichtungen bei starker sozialer Schichtung." Ergänzend werden Entwicklungsgeschichte, Verstädterung und Soziologie der Stadt behandelt. Ferner wird die „Stadt als Gemeinde" beschrieben, als „ein eigenständiges, gebietsbezogenes, politisch-administratives System", und sie wird mit dem Umland in Beziehung gesetzt. Görres-Gesellschaft (Hrsg.) (1962), Staatslexikon. Recht, Wirtschaft, Gesellschaft. In 5 Bänden. Freiburg. | „Stadt" (Merzbacher, Friedrich; Oswald, Hans), Bd. 5, S. 630–639. Görres-Gesellschaft (Hrsg.) (1989), Staatslexikon. Recht, Wirt-

📖 Mossberger, Karen; Clarke Susan E.; John, Peter (Eds.) (2012), The Oxford Handbook of Urban Politics. New York. *Eines der derzeit besten Handbücher.*

Barber, Benjamin R. (2013), If Mayors ruled the world. Dysfunctional Nations, rising Cities. New Heaven, London. *Einer der raren Politikwissenschaftler, die die Frage nach dem Verhältnis von Stadt und Staaten in der globalisierten Welt stellen.*

Sternberger, Dolf (1985), Die Stadt als Urbild. Frankfurt a. M. *Grundlegende Texte zu Stadt und Staat.*

Dominanz der Staaten im 20. Jahrhundert konzentriert sich das Fach auf deren Erforschung, während die Auseinandersetzung mit der Stadt zum schmalen Pfad verkümmert. Die Funktion als *Gemeinde* und *Kommune* steht im Mittelpunkt des Interesses, kompetent und kontinuierlich erforscht, etwa durch das Ehepaar *Hiltrud* und *Karl-Heinz Naßmacher* in Deutschland. So erhellend diese Analysen sind, sie bleiben aus zwei Gründen beschränkt: Zum einen entwickeln die Begriffe Gemeinde und Kommune eine analytische Trennschärfe erst nach intensiver Durchdringung. Zum anderen erfolgt die Verknüpfung mit der internationalen Ebene nur am Rande.

Da *Internationale Beziehungen* nicht zur Kernkompetenz der Kommunen gehören, bleiben sie ein Randthema. Im Zeitalter der *Globalisierung* greift das zu kurz. Deshalb denkt die Politikwissenschaft in neueren Untersuchungen über die veränderte Funktion der Stadt nach. Drei Beispiele:

1) *Ronan Paddison* ist zwar Geograph, seine Argumente sind aber im Grunde politologisch. Er betont die Rolle der modernen Stadt als Symbol und ihre Funktion bei der Reproduktion der Existenzgrundlagen für die Gesellschaften. Beides ist miteinander verknüpft, wobei – so seine These – in der Moderne die symbolische Bedeutung dominiert. Das ist ein ganz anderer Schwerpunkt, als ihn die Global-City-Debatte setzt. Paddison betont zudem die Rolle der Stadt als Zentrum der politischen Kontrolle und ihre Fähigkeit, mit Gegensätzen und Konflikten zu leben.[19]

Hier fällt ein Unterschied zur Soziologie auf: Sieht sie die Stadt als Spiegel der Gesellschaft, hat sie hier eine Steuerungs- und Vorreiterrolle. Die wiederum erstreckt sich nicht nur, wie bei *Sassen*, auf die Ökonomie, sie ist in Politik und Kultur noch ausgeprägter.

2) *Mike Goldsmith* untersucht Städte in internationalen Regierungsbeziehungen.[20] *Globalisierung*, Regionalisierung und Regulierung beeinflussen Städte maßgeblich. Das erstaunt nicht. Überraschender ist, dass er einen sehr hohen Einfluss der Städte auf die Entwicklung der Länder, in die sie ein-

---

schaft, Gesellschaft. In 5 Bänden. Bd. 5. Freiburg, Basel, Wien. | „Stadt" (Merzbacher, Friedrich; Spiegel, Erika), Bd. 5, S. 235–241. Ferner: Naßmacher, Hiltrud; Naßmacher, Karl-Heinz (1999), Kommunalpolitik in Deutschland. Opladen.

19 Paddison, Ronan (2010a), Cities – Revisiting some basic, in: Paddison, Ronan; Timberlake, Michael (Eds.), S. xxvi–xxxi.

20 Goldsmith, Mike (2012), Cities in intergovernmental systems, in: Mossberger, Karen; Clarke Susan E.; John, Peter (Eds.), The Oxford Handbook of Urban Politics. New York, S. 133–151.

gebettet sind, belegen kann. Auch in dieser Sicht hat die Stadt eine Steuerungsfunktion.

3) Um diese zu verstehen, plädieren *Daniel Kübler* und *Michael A. Pagano* für „Urban politics as multilevel analysis".[21] Damit meinen sie eine vertikale Sicht, die alle zum Nationalstaat gehörenden Themen berücksichtigt. Die Autoren sprechen von „nesting" – Einschachtelung – und wollen so das umfassende Netzwerk und die Vielschichtigkeit fassen, in die Städte eingebettet sind und die sich nicht auf die lokale Ebene reduzieren. Die vertikale ergänzen sie um eine horizontale Perspektive. In ihr bündeln sich die Themen, die nicht nur die Stadt selbst, sondern die *metropolitan areas* mit oft mehreren Städten betreffen.

Das aktuell extremste politische Stadtkonzept ist die „Postpolitische Stadt". Es bezeichnet die Stadt, „der die eigentliche Politik ausgetrieben wurde".[22] Gemeint ist die Entwicklung, nach der ein globaler Trend zum „real existierenden Kapitalismus" so wirkungsmächtig geworden ist, dass de facto keine Alternativen bestehen. Die Politik wird zum Erfüllungsgehilfen einer möglichst vollständigen Ökonomisierung des gesamten städtischen Lebens. Das im Wesentlichen auf *Erik Swyngedouws* zurückgehende Konzept versteht unter der Postpolitischen Stadt „eine Stadt, in der Konsens und Prinzip einer ‚gereinigten Politik' privilegiert wird und die entsprechenden Räume/Orte und Institutionen, um den Konsens zu verankern, geschaffen werden." Im Kern geht es bei diesem Konzept weniger um die Stadt als um eine kritische Betrachtung der Politik. Es kritisiert grundlegend die Art und Weise, wie heute Politik verstanden wird. Insofern zielt das Konzept über vergleichbare Ansätze wie den sich auf die Fiskalpolitik konzentrierenden *Austerity Urbanism,* oder die *Neoliberale Stadt* hinaus.

Wie die Beispiele zeigen, befindet sich die Debatte erst am Anfang. Aber sie lösen die Stadt aus dem Käfig der kommunalen Verortung und schließen die Lücke zwischen kommunal und global. Das „Oxford Handbook of Urban Politics" bringt es auf den Punkt: „Warum sollen wir Urban Politics studieren, wenn Städte in verschiedene nationale politische Systeme eingebettet sind?" Die Antwort: Städte unterscheiden sich von Nationalstaaten. Der schon erwähnte neue Begriff – *Urban Politics* – könnte helfen, die Stadt als eigenständiges Feld („a field in its own right") und Forschungsgebiet zu etablieren.

Wer nun die Politikwissenschaft fragt, was sie unter Stadt versteht, stellt fest, dass sich ihre Sicht nicht sehr von der anderer Fächer unterscheidet. Ausgeprägt sind jedoch die Fähigkeit zu einem holistischen Blick sowie ein breites Angebot an Methoden und Theorien. Ein wichtiger Unterschied besteht zur Soziologie: Während dort die Differenzierung zwischen Gesellschaft und Staat sowie Stadt und anderen Organisationseinheiten problematisch ist, hat die Politikwissenschaft lange Erfahrungen mit der Analyse entsprechender Akteure, Strukturen, Prozesse und Rückwirkungen auf nahezu allen Feldern.

---

21 Kübler, Daniel; Pagano, Michael A. (2012), Urban politics as multilevel analysis, in: Mossberger, Karen u. a., S. 115–116, 120–124.

22 Koch, Philippe; Ross, Beveridge (2018), Postpolitische Stadt, in: Rink, Dieter; Haase, Annegret (Hrsg.), S. 279. Mossberger, Karen; Clarke Susan E.; John, Peter (Eds.) (2012), S. 3–4.

Noch wichtiger ist die Konzentration des Blicks, den das Fach vornimmt. Er betrifft das Handeln. Sind es Einzelne, die dem individuellen Handeln einen Sinn geben, so wird es zum sozialen Handeln, sobald andere betroffen sind. Genau hier unterscheiden sich Soziologie und Politikwissenschaft: Blickt erstere auf die sozialen Beziehungen insgesamt, interessiert sich letztere für diese Beziehungen nur dann, wenn Auseinandersetzungen nicht mehr auf der Ebene der persönlichen Bekanntschaft zu lösen sind. So ist jegliches gesellschaftliche Handeln sozial, aber nicht alles, was sozial ist, ist auch politisch. Alles Soziale kann allerdings zum Politischen werden, so es zu Auseinandersetzungen kommt, die oberhalb der Ebene der persönlichen Bekanntschaften zu regeln sind.

Anders als das *Dorf* sind Städte genau jene Orte, die typisch sind für solche Auseinandersetzungen. Stadt ist immer ein Stück weit anonym, denn schon durch ihre Größe kennt nicht jeder jeden. In vielfältigen Zusammenhängen können Begegnungen und Handeln jederzeit politisch werden. Dann sind sie interessant, weil sie geregelt werden müssen und Akteure durch ihr Handeln Prozesse auslösen, die Strukturen bestätigen oder verändern, was wiederum Rückkoppelungen hat und zu weiteren Schritten führen kann.

Zusammenfassend ist die Politikwissenschaft eine der wichtigsten Disziplinen, um die Stadt zu verstehen und zu beschreiben. Auch wenn sie sich aktuell noch zu sehr auf die kommunale Ebene beschränkt, bietet sie vielversprechende Ansätze.

10. Die Stadt – ein Suchbild

Entgegen aller Erwartungen ergibt die Reise durch die Erkenntnisse der wichtigsten Disziplinen doch einen Konsens. Alle Fächer sind sich darin einig, dass es nicht möglich ist, Stadt zu definieren – und verstoßen sofort wieder gegen diese Feststellung. In dem jeweils für die einzelnen Disziplinen erarbeiteten Verständnis sind sich alle Disziplinen über zwei Merkmale einig: a) *Dichte* und b) *Vielfalt*. Das ist mehr als erwartet, genügt aber nicht, um Stadt zu fassen. Jenseits dieses Minimalkonsenses beginnen die Unterschiede.

Den umfassendsten Blick haben das älteste und das jüngste Fach: Das Denken der *Philosophie* konzentriert sich auf die Frage, wie die Stadt sein soll. Ihre Themen sind „das gute und richtige Leben" sowie die Stadt als „Mastertool", um dieses gute Leben zu erreichen, und die oft in Antiutopien (*Dystopien*) präsentierten Enttäuschungen.

Der starke Kernbegriff der *Urbanistik*, die Urbanität, ist unspezifisch und umstritten. Noch lässt sich nicht entscheiden, ob sich das Fach langfristig etabliert oder ob die Nutzung des Begriffs sich als Modeerscheinung erweist.

Soziologie und *Stadtsoziologie* haben das Thema derzeit am tiefsten durchdrungen. Hier liegt aktuell die Deutungshoheit. Der soziologische Blick konzentriert sich auf *Dichte* und *Diversität* und untersucht deren Folgen. Limitiert werden die Überlegungen durch das ungeklärte Verhältnis zwischen Stadt und Gesellschaft.

Moderne Raumtheorien verbinden beide Fächer mit der *Geographie* und *Stadtgeographie*. Um Stadt zu erklären, haben diese Disziplinen einen umfassenden Katalog an Merkmalen erarbeitet. Beschreiben sie den geographischen *Stadtraum*, so erforscht die *Stadtökologie* den urbanen *Naturraum*. Der Stadt als Ökosystem gilt ihr Hauptinteresse, wobei der ökologische Fußabdruck des Menschen besonders wichtig ist. Steht bei diesen Fächern die Analyse natürlicher Gegebenheiten im Vordergrund, so geht es *Raum-* und *Stadtplanung* sowie *Architektur* vorrangig um deren Aufteilung und -gestaltung. Dabei haben sie eine große Vielfalt an Formen entwickelt.

Für die Ökonomie und die *Rechtswissenschaft* ist die Stadt heute ein Nebenthema. Beide Fächer verfügen jedoch über reiche, mit wirkmächtigen Begriffen verbundene Traditionen, allen voran die *Stadtökonomik* und das *Stadtrecht*. Auch wenn beides gegenwärtig wenig diskutiert wird, kann auf das Repertoire an Erfahrungen jederzeit zurückgegriffen werden.

Bei den vorrangig in Epochen, Regionen und Themen denkenden *Geschichtswissenschaften* liegt die Stadt quer. Im Unterschied zu großräumlichen Organisationen wie Reichen und Staaten wird die Stadt wenig systematisch behandelt. Das führt zu einem eigentümlichen Paradox. Zwar verantworten die historischen Wissenschaften die überwiegende Zahl der Stadtbiographien, haben intensiv ihre Anfänge erforscht und wichtige begriffliche Grundlagen erarbeitet, einen analytisch scharfen Stadtbegriff haben sie jedoch nicht hervorgebracht.

Die *Politikwissenschaft* schließlich blickt nach wie vor stark auf die Kommunalpolitik. Durch ihr Denken in Ebenen ergeben sich Ähnlichkeiten zur Ökonomie und zur Rechtswissenschaft. Das allerding begrenzt auch die Wahrnehmungen. Neuere Ansätze mit Begriffen wie *Urban Politics* und *Urban Governance* bieten hier allerdings einen vielversprechenden Weg.

Was wissen wir, wenn wir uns diese Erkenntnisse vor Augen führen? Wie antworten sie auf die Frage: Für welches Problem ist die Stadt eine Lösung? Wissenschaftlich gesehen wissen wir letztlich nicht, was eine Stadt ist. Es gibt keine alle Fächer übergreifende Definition. Noch so ein Paradoxon, denn einerseits ist die Stadt das älteste Werkzeug für das Zusammenleben von zahlreichen Menschen, andererseits halten es zahlreiche Autorinnen und Autoren aufgrund der Komplexität für ausgeschlossen, den Begriff überhaupt klar zu fassen. Das aber überzeugt schon deshalb nicht, weil es ohne Probleme gelingt, weitaus komplexere Phänomene wie den Staat präzise zu definieren. Müssen wir überhaupt wissen, was eine Stadt ist? Zwei Argumente sind nicht von der Hand zu weisen:

1) Einen großen Raum der Forschung nimmt die Beschreibung von Stadtbegriffen, -konzepten und -typen ein. Diese kennen wir inzwischen in großer Zahl und recht genau. Allerdings fehlt ein Maßstab, um ihre Bedeutung zu ermessen. Wenn wir sagen können, was wir unter *der* Stadt verstehen, dann sind wir zu einem begründeten Urteil fähig. Das ist schon deshalb wichtig, weil sich einzelne Städte oft am Ideal von Stadttypen orientieren wie etwa

der *Smart City*, ohne die keine moderne Stadtplanung mehr auszukommen scheint.

2) Das zweite Argument: Wenn etwa *Sakia Sassens* Beschreibung der *Global City* schlüssig ist und dieser Stadttyp ein Netzwerk mit einer eigenen Dynamik bildet, dann hat das enorme Sprengkraft. In der Soziologie stellt sich damit nicht nur die Frage neu, wie sich Gesellschaft und Stadt zueinander verhalten, sondern auch, was dieses Verhältnis in einer globalisierten Welt bedeutet. Noch weitreichender ist diese Frage für die *Internationalen Beziehungen*. Staaten haben ihre Bedeutung zwar nicht verloren, doch sie hat sich stark verändert. Heute gibt es zahlreiche „Player", die den Staaten ihren Rang streitig machen. Was noch vor einer Generation mit dem Begriff Souveränität verbunden wurde, ist eingeschränkt, und es gibt kaum noch irgendwo auf diesem Planeten Entscheidungen, die angesichts der weltweiten Verflechtungen ohne Einfluss bleiben. In dieses System nun noch die Global City einzufügen, erscheint kaum möglich. Für die *Internationalen Beziehungen* ist die Stadt kein Akteur, in der Realität ist sie es doch. So ist die Frage, was wir unter einer Stadt verstehen, drängender denn je.

Tabelle 2: Das Stadtverständnis verschiedener Disziplinen

FACH	STADTBEGRIFF	ESSENZ	STÄRKEN	SCHWÄCHEN
Urbanistik	kein eigener Stadtbegriff, zum Teil stellen Vertreter des Fachs die eigene Disziplin infrage	KERNBEGRIFFE: – Urbanität (städt. Lebensstil) DENKWEISEN: – Ebenen	– interdisziplinär – integrativ – nimmt neuere Methoden auf – empirisch	– keine eigenen Methoden – Kernbegriff vieldeutig und strittig – Ebenenproblem
Soziologie/ Stadtsoziologie	einflussreiche Begriffe (*Sombart, Weber, Park, Wirth, Sassen* u. a.) – Dominanz strukturell-funktionaler Sichten – Merkmale: – Größe | Dichte – Dauerhaftigkeit – Markt – Befestigung – privat – öffentlich – Arbeitsteilung – Produktion/ Dienstleistungen vor allem für auswärtigen Bedarf – Verkehrsnetz – funktionale Trennung (z. B. Wohnen, Arbeiten) – Dominanz kleiner Haushalte – rationale Einstellung – hohe soziale Mobilität – Vielzahl an Stadttypen	KERNBEGRIFFE: – Gesellschaft – Dichte – Vielfalt DENKWEISEN: – strukturelle Sichten – handlungstheoretische Ansätze – kaum Verknüpfungen zwischen beiden Ansätzen	– tiefste Durchdringung des Themas – Pluralität der Begriffe – Vielzahl unterschiedlicher Ansätze	– Abgrenzung Gesellschaft und Stadt unklar, strittig – Metapher von der Stadt als Ausschnitt, Abbild, Spiegel, Synonym der Gesellschaft – Global-City-Phänomen diagnostiziert, aber nicht in allgemeine Soziologie integriert – politische Dimension des Global-City-Ansatzes ansatzweise erkannt – Ebenenproblem
Ökonomie	Stadtökonomik Merkmale: – Gegensatz Stadt – Land – Größe – Verdichtung – Arbeitsteilung räumlich-thematisch – Abhängigkeit von politischer Herrschaft, gesellschaftlicher Organisation, Produktionsform	KERNBEGRIFFE: – Stadtökonomik – Kommunalwirtschaft – Märkte – Standorte (z. B. Arbeiten, Wohnen, Verkehr) – Infrastruktur DENKWEISEN: – strukturelle Sichten	– historische Bedeutung der Stadtökonomik	– Zusammenhang Globalisierung – Global Cities & Bedeutung für Ökonomie erst in Ansätzen erfasst – Verhältnis öffentlich – privat, Staat – Wirtschaft – Stadt unklar – Ebenenproblem

FACH	STADTBEGRIFF	ESSENZ	STÄRKEN	SCHWÄCHEN

Geographie/ Stadtgeographie/ Raumplanung	– räumlich-funktionaler Stadtbegriff
	– grenzt sich ab gegenüber allgemeinen, enzyklopädischen Stadtbegriffen
	– allgemeine Merkmale:
	  • Einheit (administrativ)
	  • Stadtrecht
	  • Größe (Einwohnerzahl)
	  • Dichte (Bevölkerung)
	  • Erwerbsstruktur
	– kultur-, zeit-, regionsübergreifende Merkmale:
	  • geschlossene Ortsform mit Kern
	  • städtische Hausformen
	  • Bebauungsintensität (zum Zentrum zunehmend)
	  • Vielfalt
	  • innere Differenzierung
	  • Verkehrslage
	  • Arbeitsstättenkonzentration außerhalb der Landwirtschaft
	– stadtgeographische Merkmale:
	  • zentralörtliche Funktion
	  • Verkehrs- und Innovationszentrum
	  • städtische Lebensform
	  • sekundär- und tertiärwirtschaftliche Ausrichtung
	– räumliche Merkmale:
	  • Anordnung ums Zentrum
	  • Kern-Rand-Gefälle
	  • Geschlossenheit des Baukörpers
	  • Viertelbildung
	  • „verdichtete Infrastruktur"
	  • Stadt = dominierende Kraft bei der Organisation der Bevölkerung
	  • Dynamik des Systems Stadt
		KERNBEGRIFFE:
		– Stadtraum
		– Dichte
		– Zentrierung/ Zentralort
		– Stadt-Umland-Beziehung
		
		DENKWEISEN:
		– strukturelle Sichten
		– Ebenen/Schichten
			– hohes Bewusstsein für die Komplexität die Stadtbegriffs
			– differenziert
			– reich an Kriterien
				– Vorbehalt gegenüber allgemeinen Stadtbegriffen
				– geographischer Stadtbegriff unscharf
				– Kriterien unterschiedlich priorisiert
				– Kriterien nicht in einen Zusammenhang gebracht
				– Global Cities schwer einzuordnen („repräsentieren eher Finanz- als Menschenströme")
				– Phänomen des „Zusammenbruchs des Raumes"
				– Ebenenproblem

FACH	STADTBEGRIFF	ESSENZ	STÄRKEN	SCHWÄCHEN

Stadt-
planung/
Architektur
	– Abbild der Gesellschaft
	– kein fachspezifischer
	  Begriff
	– Merkmale:
	  • Rechtsstatus
	  • Macht
	  • Befestigung
	  • Arbeitsteilung
	  • Pendler
	  • Lebensstil
	  • Komplexität
		KERNBEGRIFFE:
		– Stadtplanung
		– Stadtraum
		
		DENKWEISEN:
		– strukturelle
		  Sichten
		– Ebenen
		– Schichten
		– Prozesse
			– Bewusst-
			  sein für
			  Komplexität
			  des Begriffs
			– hohes
			  Wissen über
			  räumliche
			  Organisation
			  von Städten
			– normative
			  aufgeladene
			  Konzepte
				– Praxis ohne
				  spezifischen
				  Begriff
				– Ebenenproblem

Rechts-
wissenschaft
	– kein fachspezifischer
	  Begriff
	– Stadt = Bezeichnung für
	  Gemeinde (Kommune)
	– allgemeine Merkmale:
	  • Größe
	  • gewerblich akzentuiert
	  • Stadtrecht
	  • Gegensatz zwischen
	    Dorf/Land
	– Deutschland aktuell:
	  • Gemeinde = unterste
	    Gliederung des Ge-
	    meinwesens
	  • kein eigenes Stadt-
	    recht
	  • Selbstverwaltungs-
	    recht
	– Stadtrecht (historisch):
	  • Zentrum politischen
	    Lebens
	  • Dominanz gegenüber
	    dem Land (= Nähr-
	    boden, Herrschafts-
	    gebiet)
	– Städte = keine Einheit
	  mit dem Land
		KERNBEGRIFFE:
		– Gemeinde
		  (Kommune)
		– Staat
		– Stadtrecht
		
		DENKWEISEN:
		– strukturelle
		  Sichten
		– Ebenen
		– Prozesse
		– historische Ent-
		  wicklung
			– großes
			  Repertoire
			  an Spezial-
			  kenntnissen
			  zu zentralen
			  Problemen:
			– Stadtbürger –
			  Staatsbürger
			– Staatsrecht/
			  Verfassungs-
			  recht – Kom-
			  munalrecht
			– Stadt als
			  internationa-
			  les Problem/
			  Völkerrecht
				– Bedeutung der
				  Stadt bildet sich
				  in aktuellen
				  Rechtssystemen
				  nur begrenzt
				  ab, wird erst
				  ansatzweise
				  reflektiert
				– Ebenenproblem

Geschichts-
wissenschaft
	– Kriterien:
	  • Größe
	  • Geschlossenheit
	  • Markt
	  • Rechtsstellung
	  • Autonomie
	  • Arbeitsteilung
	  • soziale Differenzierung
	  • Bauliche Vielfalt
	  • urbaner Lebensstil
	  • Zentralortfunktion
	  • Infrastruktur
	– Funktion der Stadt als:
	  Plattform oder Gegen-
	  stand
	– Subjekt
		– Epochen
		– Regionen
		– Themen
			– fundiertes
			  Wissen über
			  Anfänge der
			  Stadt (vor al-
			  lem durch die
			  Archäologie)
			– zahlreiche
			  Stadtporträts
			– Grund-
			  legende
			  Erkenntnisse
			  der *Altertums-
			  forschung*
			– Begriffsge-
			  schichte der
			  *Regional- und
			  Landesge-
			  schichte*
				– Stadt als Unter-
				  kategorie oder
				  Synonym von
				  Staaten und
				  Reichen
				– Ebenenproblem

FACH	STADTBEGRIFF	ESSENZ	STÄRKEN	SCHWÄCHEN
Philosophie	– kein fachspezifischer Stadtbegriff – durchgehend normative, funktionalistische Sicht – Stadt = Werkzeug, um „gut und richtig zu leben"	KERNBEGRIFFE/ DENKWEISEN: – das gute und richtige Leben	– Stadt als zivilisatorische Errungenschaft – Stadt als Utopie und Antiutopie	– schwankt zwischen Erwartungen und Enttäuschungen – Staats-, aber keine Stadtphilosophie

Politikwissenschaft	– Urban Politics
	– Urban Governance
	– strukturelle, funktionalistische Sicht
	– kommunalpolitischer Stadtbegriff:
	  • Großsiedlung
	  • mit Selbstverwaltung ausgestattet
	  • basierend auf Handel, Gewerbe, Industrie
	  • weiträumige Gliederung
	  • Dichte/Ballung (Bebauung durch Produktions-, Verwaltungs- und Kultureinrichtungen)
	  • eigenständiges, gebietsbezogenes, politisch-administratives System
	– Stadt-Umland-Beziehung
		KERNBEGRIFFE:
		– Kommunalpolitik
		– Urban Politics
		
		DENKWEISEN:
		– Ebenen
		– Strukturen
		– Akteure
		– Prozesse
		– Rückwirkungen
			– Abgrenzung Staat – Stadt
			– Lösungsansatz Governance
			– Potenzial zur Lösung des Ebenenproblems
			– Potenzial zur Leitwissenschaft
			– Debatte über Grenzen der bisherigen Sicht
				– Ebenenproblem
				– Stadt als Unterkategorie oder Synonym von Staaten und Reichen
				– Global-City-Phänomen kann noch nicht theoretisch verortet werden

B. Die großen Erzählungen

So vielfältig die Antworten der wissenschaftlichen Disziplinen auf die Frage nach der Essenz der Stadt auch sind, so bringt der Überblick nicht genug Tiefenschärfe. Erforderlich ist eine Fokussierung. Die findet sich bei den Expertinnen und Experten aus allen Zeiten. Befragen wir sie in einem Speeddating, wohl wissend, dass es zu jedem von ihnen eine umfassende Literatur gibt. Hier interessiert nur ihre Antwort auf die Frage: Welches Problem löst die Stadt? – Date #1:

1. Die gute Stadt (Aristoteles)

Schon der erste Autor bietet einen Volltreffer. Für den griechischen Philosophen *Aristoteles* ist die Stadt *die* Möglichkeit, „gut und richtig" zu leben. Da macht sie nicht nur zur größten zivilisatorischen Errungenschaft, sie wird dadurch auch zum Erziehungs-, Veredlungs- und Zurichtungswerkzeug, um den Menschen zum „Besseren" und „Höheren" zu entwickeln.

Dieser Paukenschlag hallt bis heute nach. *Aristoteles* argumentiert normativ, und das ist merkwürdig, denn das passt im Grunde besser zu *Platon*. Vom Empiriker Aristoteles wäre eine enzyklopädische Betrachtung zu erwarten gewesen. Doch in dieser Hinsicht liefert er nur einige Anmerkungen zur Anlage einer Stadt, empfiehlt bei deren Bau, auf die Gesundheit und die Winde zu achten, auf die Verteidigungsanlagen, die Wasserversorgung und auf die Schönheit. Ferner möchte er die Stadt mit einem repräsentativen sakralen Bau und einem Markt ausgestattet sehen. Alles zweifellos wichtig, doch die Aufzählung wirkt fragmentarisch, ist nicht in ein System gebracht und wäre längst vergessen, gäbe es nicht seine über zweieinhalb Jahrtausende wirkmächtige Sicht der Stadt als Werkzeug. Bis heute fasziniert diese Idee. Insofern ist seine Antwort auf die Frage, welches Problem die Stadt löst, klar: Sie ist das Werkzeug zum „besseren Leben".

> [i] *Das Versprechen des Aristoteles*
>
> „Das, was den Menschen über den Zustand des Barbarentums erhebt, in dem er bloß ein wirtschaftliches Wesen ist, das, was ihn befähigt, alle seine höheren Fähigkeiten, die im Barbarentum nur schlummern, zu entwickeln, nämlich: gut und richtig zu leben, statt nur zu leben, das war seine Teilnahme und Mitgliedschaft an einer Stadt. Des Menschen körperliches und animalisches Dasein mag durch das Land befriedigt sein, seine geistigen Bedürfnisse können nur durch die Stadt befriedigt werden."[23]

Stadt weniger normativ, sondern analytisch beschreibend zu verstehen, beschäftigt die modernen Sozialwissenschaften, allen voran die Soziologie. Bei diesem Fach verzichtet niemand auf *Max Weber* und *Georg Simmel*. Selten wahrgenommen werden die Überlegungen von *Werner Sombart*. Das ist erstaunlich, stellt er doch die umfassendsten und systematischsten Überlegungen an, wäh-

---

23 Hotzan, Jürgen (1994), dtv-Atlas zur Stadt. Tafeln und Texte. Von den ersten Gründungen bis zur modernen Stadtplanung. München, S. 25. Aristoteles, Politik VII, 11 (Ausgabe von Gigon, Olaf (1981), Zürich, München, S. 235–237.

rend Webers Text ein Fragment aus dem Nachlass ist und Simmels Beitrag sich auf einen Aufsatz konzentriert.

2. Die multifunktionale Stadt (Werner Sombart)

Werner Sombarts Stadtverständnis ist universell. Er schränkt es – im Unterschied zu nahezu allen anderen – weder zeitlich noch räumlich ein: „Die objektiven Bedingungen (zur Städtegründung) können … der mannigfaltigsten Art sein: klimatechnischer, bautechnischer, verkehrstechnischer, ökonomischer, populationistischer und was weiß ich, welcher Art noch!"[24] Dieser umfassende Zugriff ist bemerkenswert, weil er den Blick nicht von vornherein fachspezifisch einschränkt. So wird es nachvollziehbar, dass Sombart nicht nur einige wenige, sondern ein Dutzend Merkmale nennt, die diese Form des Zusammenlebens ausmachen. Dem aktuellen Anspruch auf Interdisziplinarität wird Sombart weitgehend gerecht, als einiger von wenigen. Interessant ist die Methode des Soziologen und Volkswirts: Aus der Betonung der für die Stadt typischen Vielfalt leitet er Funktionen ab. Das spaltet den Stadtbegriff auf und macht ihn handhabbar. Der Vorteil besteht darin, dass die Merkmale der Stadt, die einzelnen Puzzleteile, ein Gesicht bekommen. Der Nachteil: Ein Überblick entsteht so noch nicht; wie die Puzzleteile zusammenpassen, bleibt unklar. Dennoch entwickelt er ein vergleichsweise klares Bild: Für Sombart organisiert die Stadt Vielfalt.

Tabelle 3: Dimensionen des Stadtbegriffs bei Sombart

DIMENSION	ERLÄUTERUNG
sakral	Stadt als der Ort, wo die Götter wohnen; im christlichen Glauben der Bischofssitz; in anderen Religionen Standort von Tempeln oder anderen sakralen Stätten
militärisch	Städte als ummauerte Siedlungen: Festungen, Garnisonen
architektonisch	„ein Insgesamt von Gebäuden ohne Rücksicht auf die Einwohner"
populationistisch	Einwohner einer Ortschaft ohne Rücksicht auf die Gebäude
Größe, Dichte	„andauernde Verdichtung von Menschen und menschlichen Wohnstätten"
geographisch	„die einen ansehnlichen Bodenraum bedecken"
klimatechnisch	abhängig vom Klima der Region
verkehrstechnisch	im Mittelpunkt größerer Verkehrswege
ökonomisch	„Ansiedlung von Menschen, die für ihren Unterhalt auf die Erzeugnisse fremder landwirtschaftlicher Arbeit angewiesen ist"
soziologisch	Siedlung, in der sich die Einwohner untereinander nicht mehr kennen
politisch	Sitz von politischen Institutionen
rechtlich	Ortschaft, die mit einem Privileg ausgestattet ist

---

24 Sombart, Werner (2005, Original 1902), Der Moderne Kapitalismus. Bd. 2. New York City, S. 189–190. Ferner: Sombart, Werner (1931), Siedlungen. II. Städtische Siedlung. Stadt, in: Vierkandt, Alfred (Hrsg.), Handwörterbuch der Soziologie. Stuttgart, S. 527–532.

3. Politik, Markt und Stadttypen (Max Weber)

Max Weber geht anders vor. Er hat eine, streng genommen zwei Ideen, ohne sich klar für eine zu entscheiden. Dabei beginnt seine Annäherung ganz enzyklopädisch harmlos. Stadt, so Weber, ist „eine (mindestens relativ) geschlossene Siedlung, … eine große Ortschaft, … deren Insassen zum überwiegenden Teil von dem Ertrag nicht landwirtschaftlichen, sondern gewerblichen oder händlerischen Erwerbs leben (und) wo die ortsansässige Bevölkerung einen ökonomisch wesentlichen Teil ihres Alltagsbedarfs auf dem örtlichen Markt befriedigt, und zwar zu einem wesentlichen Teil durch Erzeugnisse, welche die ortsansässige und die Bevölkerung des nächsten Umlands für den Absatz auf dem Markt erzeugt hat oder sonst erworben hat".[25]

Zwei Ursachen führen zur Gründung einer Stadt: entweder das „Vorhandensein eines grundherrlichen, vor allem eines Fürstensitzes als Mittelpunkt, für dessen ökonomischen und politischen Bedarf unter Produktionsspezialisierung gewerblich gearbeitet und Güter eingehandelt werden." Oder – der zweite Grund – es besteht ein „regelmäßiger Güteraustausch am Ort der Siedlung als wesentlicher Bestandteil des Erwerbs und der Bedarfsdeckung der Siedler".

Die Ökonomie ist somit verantwortlich für das Entstehen der Stadt, wobei zwei Dinge in einer bestimmten Reihenfolge zusammenkommen müssen: erst die Produktion, dann der Handel, und zwar der regelmäßige Handel. Mit anderen Worten: Stadt ist Markt.

Webers Text genauer gelesen, fällt die Einleitung der Hauptaussage auf. Er spricht vom „Vorhandensein eines grundherrlichen, vor allem eines Fürstensitzes als Mittelpunkt". Das ist leicht zu überlesen, weil sofort im zweiten Satzteil kraftvoll die ökonomische Funktion als Hauptsache präsentiert wird. Die in der Rampe enthaltene Aussage ist jedoch eminent wichtig. Weber spricht von der Stadt als Zentrum eines Machtbereichs. Das ist ein räumliches und politisches Argument. Stadt ist ein politisches Machtinstrument zur Strukturierung und Beherrschung des Raumes und nicht nur ein Markt. Für ihn wird die Politik zur Voraussetzung, damit ein Markt überhaupt dauerhaft funktionieren kann.

Weber nennt noch weitere Merkmale, wie den „Verbandscharakter" der Stadt, die *Autonomie* (beides politische Argumente) sowie das (Stadt-)Recht. Diese Vielfalt begründet, weshalb er die Stadt als eigene Siedlungsform sieht und Stadtgesellschaft mit Gesellschaft nicht gleichsetzt. Alles in allem ein modernes, differenziertes und dynamisches Stadtverständnis. Dabei hat er die *europäische Stadt* des *Mittelalters* im Sinn, die bei ihm zum Idealtypus wird.[26]

Das führt zu seiner Methode. Weber konstruiert einen Idealtypus, um dann zu „erforschen, warum die Realität von diesem Modell abweicht".[27] Dass letztere dabei nicht gut wegkommt, überrascht bei einem skeptischen Geist wie

---

25 Weber, Max (2000), S. 1–2. Nippel, Wilfried (2000), S. 126–130. Ebenso das folgende Zitat.
26 Koch, Florian (2011), S. 88–90.
27 Sennett, Richard (2018), S. 80.

Weber kaum. Von diesem Punkt aus bieten sich zwei Pfade an. Zum einen ist es möglich, konkret und empirisch zu werden und Fälle zu untersuchen. Zum anderen, und diesen Weg wählt Weber, sucht er eine Übersicht, indem er die vielfältige Entwicklung in Typen bündelt. Diese schon bei *Sombart* angelegte Methode macht Schule, wird bis heute zum Goldstandard der Stadtforschung und führt zur kaum überschaubaren Ausweitung der Stadtbegriffe. Die Debatte geht in die Breite, statt in die Tiefe.

So differenziert Weber Stadt auch versteht, sein auf Europa konzentrierter Blick und das Ausblenden der Akteure sind inzwischen überholt. Noch etwas erstaunt: dass ein so universell gebildeter und in der *Antike* bewanderter Wissenschaftler nicht auf die Idee kommt, *Aristoteles'* Gedanken von der *Polis* als Werkzeug „zum guten Leben" einzubeziehen, bleibt ein Rätsel. Vielleicht lässt es sich dadurch erklären, dass Weber eigentlich etwas anderes sucht. Seine Passion ist es, den Untergang des *Römischen Reiches* zu erklären. Dazu ist die Stadt unverzichtbar, denn das Römische Reich ist eine urbane Zivilisation mit einem differenzierten Städtesystem. Dessen ungeachtet hätte Weber auf Aristoteles' Gedanken, zumindest auf die Bedeutung der Menschen, stoßen können, ja müssen, etwa in *Ciceros*, von der griechischen Philosophie maßgeblich inspirierten Werken. Die beste Regierungsform für das „gute Leben" der Menschen – doch die sind bei Weber abwesend, er will die akademische Soziologie nicht normativ aufladen. Das ist anders bei zwei weiteren Pionieren der Stadtforschung – Date #4 und #5 –, dem Soziologen *Georg Simmel* und der legendären *Chicagoer Schule* mit ihrem Chefdenker *Louis Wirth*.

4. Der blasierte Städter (Georg Simmel)

Logik, Geschichtsphilosophie, Ethik, Sozialpsychologie und Soziologie – der Philosoph und Soziologe *Georg Simmel* ist universell begabt, gebildet und unendlich neugierig. Sein Haus in *Berlin-Westend* ist ein geistiger Treffpunkt, an dem *Rainer Maria Rilke*, *Sabine* und *Reinhold Lepsius* sowie *Marianne* und *Max Weber* verkehren. Mehr als 15 große Werke und über 200 Aufsätze veröffentlicht er. Seine wichtigste Arbeit zur Stadtsoziologie ist ein kurzer Aufsatz, geschrieben für eine Ausstellung in *Dresden*. Der Gegenstand des 1903 publizierten Textes ist eigenwillig. Simmel denkt über die *Dichte* der *Großstadt* und ihre Folgen nach. Gerade zu dieser Zeit expandieren zahlreiche Städte und erreichen bis dahin nicht gekannte Einwohnerzahlen. Ein „Gefühl der Überfüllung", wie *Richard Sennett* das formuliert, stellt sich ein. Mit diesem Phänomen hat sich schon *Gustave Le Bon* in seinem berühmten, acht Jahre zuvor publizierten Buch „Psychologie der Massen" auseinandergesetzt.

„Sie ist zunächst die Folge jener rasch wechselnden und in ihren Gegensätzen eng zusammengedrängten Nervenreize, aus denen uns auch die Steigerung der großstädtischen Intellektualität hervorzugehen schien; weshalb denn auch dumme und von vornherein geistig unlebendige Menschen nicht gerade blasiert zu sein pflegen. Wie ein maßloses Genussleben blasiert macht, weil es die Nerven so lange zu ihren stärksten Reaktionen aufregt, bis sie schließlich überhaupt keine Reaktion mehr hergeben – so zwingen ihnen auch harmlosere Eindrücke durch die Raschheit und Gegensätzlichkeit ihres Wechsels so gewaltsame Antworten ab, reißen sie so brutal hin und her, dass sie ihre letzte Kraftreserve hergeben und, in dem gleichen Milieu verbleibend, keine Zeit haben, eine neue zu sammeln."[28]

Simmel diagnostiziert nun eine Überreizung der Sinne. „Die Steigerung des Nervenlebens, die aus dem raschen und unterbrochenen Wechsel äußerer und innerer Eindrücke hervorgeht", ist für ihn das Hauptmerkmal der Großstadt. Das daraus entspringende Verhalten nennt Simmel „blasiert". Der Begriff erscheint veraltet, aber von Nerven zu sprechen, die so strapaziert werden, bis sie „keine Reaktionen mehr hergeben" – klingt das nicht wie die Klage eines gestressten Hipsters? Was Simmel blasiert nennt, hat eine wichtige Funktion. Der Autor deutet sie als Schild oder Maske, die Distanz schafft und mit der sich die Menschen vor Reizüberflutung schützen. In der Folge ist es für den Städter überlebenswichtig, sich zumindest zeitweilig in vertraute, überschaubare Umgebungen zurückziehen zu können. Auch wenn heute andere Begrifflichkeiten verwendet werden, Simmel hat damit eines der wichtigsten Merkmale der Stadt thematisiert: die große *Nähe* durch das Zusammenleben einer Vielzahl unterschiedlicher Menschen.

Worauf ist die Stadt eine Antwort bei Simmel? Die Großstadt ist für ihn eine Erscheinung der modernen, durch den Kapitalismus geprägten Gesellschaft. Es liegt nahe, von dieser Diagnose auf eine endlose Kette von Konflikten zu schließen. Doch das ist zu kurz gedacht, denn Simmel betrachtet nur „Menschen ..., die sich in der Öffentlichkeit – etwa auf der Straße – bewegen und keine produktive Beziehung zu anderen aufnehmen, an denen sie vorbeigehen".[29] Die Stadt ist jedoch auch der Ort, an dem sehr unterschiedliche Menschen in großer Zahl zusammenarbeiten. Ihnen kann ein konstruktives Miteinander gelingen, wenn sie „gemeinsam etwas Produktives tun".

Die Dichte und ihre Folgen sind eines der zentralen städtischen Themen. Das als Erster prägnant thematisiert zu haben ist Simmels bleibendes Verdienst.

28 Simmel, Georg (1984), S. 192–204.
29 Sennett, Richard (2018), S. 321. Wirth, Louis (1974, Original 1938), Urbanität als Lebensform. In: Herlyn, Ulf (Hrsg.): Stadt und Sozialstruktur. München, S. 42–66. Digital: uc. edu/cdc/urban_database/fall03-readings/urbanism_as_a_way.pdf (23.8.20). Das Zitat auf der nächsten Seite lautet im Original: „... a realatively large, dense, and permanent settlement of socially hererogeneous individuals". *Wirth* setzt sich in seinen Studien mit *Weber, Simmel, Sombart* auseinander, folgt aber vor allem den Überlegungen von *Ferdinand Tönnies*, *John Dewey* und insbesondere seinem Lehrer *Robert Ezra Park* und der *Chicagoer Schule*, der er zuzurechnen ist.

Seitdem wird das Thema immer wieder aufgegriffen, etwa von seinem Schüler *Lewis Wirth*.

5. Die dichte Stadt (Lewis Wirth und die Chicago School)

Lewis Wirth ist nicht nur ein Schüler Simmels, sondern auch des einflussreichen Soziologen und Mitbegründers der *Chicago School*: *Robert Ezra Park*. Bis heute ist Wirth durch seinen vielzitierten Aufsatz „Urbanität als Lebensform" aus dem Jahr 1938 bekannt. Sein Ziel ist eine theoretische Konzeption der Moderne sowie ihren Möglichkeiten gesellschaftlicher Integration und Teilhabe.

Die Stadt ist das ideale Feld, um Antworten zu finden. Genau diese Motivation ist typisch für zahlreiche Stadtforscherinnen und Stadtforscher – sie bringt einerseits zahlreiche neue Erkenntnisse und andererseits ein fundamentales Problem: Im Grunde interessiert sie die Stadt gar nicht, sondern etwas anderes, nicht selten die großen Entwicklungen der Zeit. Beginnend mit Engels und Marx, sind dies zunächst die *Industrielle Revolution* und der Kapitalismus, seine Ursachen, Wirkungsweisen und Folgen, später die Moderne mit ihren verschiedenen Phasen.

Bei *Friedrich Engels* mündet dies in eine der eindrucksvollsten Stadtbeschreibungen des 19. Jahrhunderts; *Karl Marx* leitet daraus seine fundamentale Kapitalismuskritik und den Kommunismus ab; *Ferdinand Tönnies* versucht den grundlegenden Mechanismus moderner Vergesellschaftung zu begründen und beschreibt als Erster den Dualismus von Gemeinschaft und Gesellschaft; *Georg Simmel* analysiert in der Hauptsache die Geldwirtschaft; *Werner Sombart* erarbeitet eine fundierte Kapitalismusanalyse, und *Max Weber* versucht die Ursprünge des okzidentalen Kapitalismus aufzudecken und Phänomene der Vergesellschaftung zu erklären.

Originär mit Stadt befasst sich keiner der Autoren. Und doch stoßen sie wie zwangsläufig auf diesen Gegenstand, weil sich dort die interessierenden Phänomene am klarsten beobachten lassen. Die Stadt wird zum Spiegel der Gesellschaft – eine folgenreiche Perspektive.

Wirth steht genau in dieser Tradition, die die Stadt vorrangig räumlich-strukturell als „Labor der Gesellschaft" und der Moderne versteht. Er geht allerdings einen entscheidenden Schritt weiter, indem er sein Verständnis zu einer Definition verdichtet. Für ihn ist die Stadt eine relativ große, dichte und dauerhafte Ansiedlung von sozial heterogenen Individuen.

Anders als *Aristoteles*, der Stadt normativ und funktional als Werkzeug versteht, und anders als Weber, der Stadt als politisch konstituierten Markt deutet, sucht Wirth direkte Wirkungszusammenhänge. Zwar priorisiert er seine vier Kernmerkmale *Größe, Dichte, Dauer* und *Heterogenität* nicht, doch die weiteren Überlegungen in seinem Aufsatz verdeutlichen, dass er – nah an Simmel – Dichte und Heterogenität als Kern dessen sieht, was Stadt ausmacht. Auf eine Formel gebracht: Stadt = verdichtete Heterogenität von einer relativen Größe. Das macht Stadt kenntlich als eigene Form – eine Erkenntnis, nach der Wirth gar nicht gesucht hatte.

Auch methodisch geht Wirth weiter: Vielfalt hervorzuheben, bedeutet auf die sozialen Unterschiede zu blicken. Nicht nur die Strukturen, sondern das Handeln der Menschen gerät so in den Blick. Welche Sprengkraft das besitzt, lässt sich am Echo ablesen, das Wirth bis heute erntet. So kritisieren ihn etwa *Hartmut Häußermann* und *Walter Siebel* noch zwei Generationen später als Vertreter jener These, die Stadt „unabhängig von Gesellschaft als ein universelles und ahistorisches Faktum" definiert.[30] Das läuft auf den Vorwurf hinaus, dass „Wirth die gesellschaftlichen Ursachen des Beobachtens (verkennt). Was in den großen Städten geschieht, ist nicht eine notwendige Form der *Großstadt*, sondern – wie die Großstadt als Siedlungsform selbst – eine Konsequenz sozialer Veränderungen, hauptsächlich der kapitalistisch organisierten Industrialisierung. Diese erzeugt die große Stadt und mit ihr zusammen die großstädtische Lebensweise in all ihren Ausprägungen". Die Frage Stadt oder Gesellschaft beantworten Häußermann und Siebel eindeutig: „Stadt ist keine unabhängige Variable … (sie) ist nicht mehr Ursache für gesellschaftliche Entwicklungen, sondern deren Bühne."

Die Kritik macht klar, wo die Diskussionslinien verlaufen: Ist die Stadt – Subjekt oder Objekt (sprich Gegenstand)? Das ist zwar eine griffige Zuspitzung, sie verstellt aber den Blick auf das größere Problem. Dass Stadt und Gesellschaft in einer Wechselbeziehung stehen, ist gar nicht bestreitbar, und auch Wirth hat das nicht getan. Es geht weniger um das *Ob* als um das *Wie*.

Abstrakt lässt sich die Frage nicht sinnvoll entscheiden, und das Problem besteht genau darin, dass sie immer wieder in dieser Form gestellt wird. Wie künstlich diese Zuspitzung ist, verdeutlicht ein Perspektivwechsel. In einer politologischen und historischen Sicht lässt sich ohne Weiteres belegen, dass Stadt zu unterschiedlichen Zeiten unterschiedliche Funktionen einnehmen und sowohl Bühne, Gegenstand oder Objekt, aber eben auch Subjekt und sogar Akteur sein kann. Die Debatte wird in der Soziologie so heftig geführt, weil sie einen Grundwiderspruch der Diskussion dieses Fachs über die Stadt berührt. Sie wird als „Spiegel", „Brennpunkt", „Bühne" gesellschaftlichen Lebens, insbesondere der Moderne gesehen. Diese Metapher führt jedoch in eine gedankliche Sackgasse, wenn weder geklärt ist, was unter Stadt zu verstehen ist, noch deutlich wird, was Gesellschaft meint. Ist die Stadt Teil der Gesellschaft, lässt sie sich als Ausschnitt verstehen und kann durchaus eine eigene Einheit sein. Ist Stadt ein Spiegel der Gesellschaft, so ist zumindest der gespiegelte Ausschnitt mit ihr identisch und ein eigener Stadtbegriff überflüssig.

Ironischerweise greift die Kritik Wirth genau dort an, wo er innovativ ist. Zwar überfordert er den Stadtbegriff, indem er sie nicht nur als Spiegel der Gesellschaft, sondern auch der Moderne sieht, aber sein Verdienst besteht darin, der gängigen Spiegel-Metapher doch nicht ganz zu trauen. Sein Misstrauen führt ihn zu einer differenzierten Definition. Die Argumente sind bereits bei sei-

---

30 Häußermann, Hartmut; Siebel, Walter (2004), S. 93, 96 und 100.

nem Lehrer *Robert Ezra Park* angelegt, der ausdrücklich betont: „Die Stadt ist also nicht nur ein physischer Mechanismus und eine künstliche Konstruktion. Sie ist am Lebensprozess der Menschen beteiligt, die sie zusammensetzen; sie ist ein Produkt der Natur, insbesondere der menschlichen Natur."[31] Das ist die Antwort der *Chicago School* auf die Frage, welches Problem die Stadt löst.

Die Betonung der Rolle der Menschen verändert den Blickwinkel. Nicht mehr die Strukturen stehen im Mittelpunkt, sondern Verhalten und Handeln in diesen Strukturen. Diese Sicht erarbeitet zu haben, ist die große Innovation der Chicagoer Schule. Die damit eigentlich beantwortete Frage, ob Gesellschaft und Stadtgesellschaft unterschieden werden müssen, wird jedoch noch fast zwei Generationen fortgeführt, am radikalsten durch den Soziologen *Jürgen Friedrichs*.

6. Keine Stadt (Jürgen Friedrichs)

Jürgen Friedrichs plädiert kompromisslos dafür, den Stadtbegriff aufzugeben. Auch wenn er seine Haltung später relativiert, lohnt es, sich seine drei Hauptargumente vor Augen zu führen:

1) Stadt ist ein „soziales Laboratorium". Soziale Fragen bündeln sich dort wie in einem Brennglas. Analysen der Stadt sind deshalb Gesellschaftsanalysen. Stadtanalyse als eigenes Untersuchungsobjekt ist nicht zu rechtfertigen.
2) Stadt ist bislang nicht überzeugend definiert. Der Begriff ist zu allgemein, die Suche nach einer Definition deshalb sinnlos und überflüssig.
3) Statt einer holistischen Sicht hat sich eine weit fortgeschrittene Spezialisierung auf Einzelthemen durchgesetzt. Diese Entwicklung schneidet die makrosoziologische Theorietradition ab, eine Synthese ist nicht abzusehen.

Als Konsequenz schlägt Friedrichs vor: „Da die Stadt buchstäblich der Ort ist, in dem Gesellschaftsanalyse betrieben wird, so könnte man hieraus den Schluss ziehen, Stadt sei kein soziologisch abgrenzbarer Bereich."[32] Statt einer Stadttheorie bedarf es einer „generellen Theorie über die Zusammenhänge sozialer und räumlicher Organisation".

Sofern die Metaphern vom „Laboratorium", „Spiegel" oder „Brennpunkt" der Moderne akzeptiert werden, sind die Argumente stichhaltig. Triftig sind jedoch auch die Gegenargumente, von denen das stärkste Friedrichs' Position aushebelt: Die Spiegel-Metapher steht für die Idee, dass die Gesellschaft zu komplex ist, um vollständig fassbar zu sein, und deshalb ein repräsentierter Ausschnitt betrachtet werden muss. Wäre dies so, dann gäbe es keine Unterschiede zwischen Stadt und Gesellschaft. Dann aber ist nicht zu erklären, weshalb so viele Menschen unvermindert in die Stadt drängen, um dort zu leben. Stadt und

---

31 Park, Robert Ezra; Burgess, Ernest Watson (1992, Original 1925), The City. Suggestions for Investigation of Human Behaviour in the Urban Environment. Chicago, London, S. 1.
32 Friedrichs, Jürgen (1977), S. 17 und 19.

Gesellschaft gleichzusetzen, bedeutet, dass die Stadt keine Antwort ist, denn es wurde ja auch keine Frage gestellt. Das überzeugt nicht.

Läuft Friedrichs' Plädoyer darauf hinaus, den Stadtbegriff als analytische Kategorie aufzugeben, erschüttert gut zwei Dekaden später eine neue revolutionäre These die Stadtforschung.

7. Die Global City (Saskia Sassen)

Die Soziologin und Ökonomin *Saskia Sassen* gibt die Stadt als Begriff nicht auf, sie konstruiert ihn radikal neu. Die Schockwellen des von ihr ausgelösten Bebens reichen weit über die Stadtforschung hinaus und wirken bis heute nach.

Ihren Anfang nimmt diese Entwicklung in den 1980er Jahren. Mit dem *Big Bang* in London 1986 und der Öffnung der internationalen Finanzmärkte entsteht eine neue Situation, auf die Sassen eine Antwort sucht. Bis zu diesem Zeitpunkt ist Stadt unterhalb des Staates angesiedelt. Die internationalen Verflechtungen werden zwar bereits zuvor thematisiert, doch auf die Idee, dieses Phänomen konsequent auf die Stadt zu übertragen, kommt bis dahin niemand. *Saskia Sassen* formuliert mit ihrer Theorie von der Global City eine These, auf die Ökonomie und Politikwissenschaft bis heute keine überzeugende Antwort haben. Sie belegt, dass eine Reihe von Städten – in erster Linie *New York City*, *London* und *Tokio* – als Global City wirken und dabei mächtiger und einflussreicher sind als die meisten Staaten.

$\boxed{i}$ *Paradigmenwechsel*

„Die Soziologen haben sich bei ihrer Analyse der Städte bisher entweder auf die Ökologie der urbanen Formen und die Verteilung von Bevölkerung und institutionellen Zentren oder auf die Menschen und die verschiedenen sozialen Gruppen, auf ihre Lebensstile und städtischen Probleme konzentriert. Diese Ansätze sind nicht mehr ausreichend".[33]

Sassen eröffnet eine neue Perspektive: „Ich begreife die Stadt als einen spezifischen Schauplatz globaler Prozesse." Ein Schlüsselsatz. Er versteht die Stadt als

---

33   Sassen, Saskia (1997, Original 1994), Metropolen des Weltmarkts. Die neue Rolle der Global Cities. Frankfurt a. M., New York, S. 9–11 und S. 3. Bronger, Dirk (2004), Metropolen, Megastädte, Global Cities. Die Metropolisierung der Erde. Darmstadt, S. 145–149. Zu weiteren Forschungsrichtungen: Zimmermann, Karsten; Heinelt, Hubert (2012), Metropolitan Governance in Deutschland. Regieren in Ballungsräumen und neue Formen politischer Steuerung. Wiesbaden, S. 26–37. Rolf, Jan Hauke (2006), Urbane Globalisierung. Bedeutung und Wandel der Stadt im Globalisierungsprozess. Wiesbaden, S. 68–75. Noller, Peter (1999), Globalisierung, Stadträume und Lebensstile. Kulturelle und lokale Repräsentationen des globalen Raums. Opladen, S. 123–126. Allen, Robert C. (2009), The British Industrial Revolution in Global Perspective. Cambridge, New York, Melbourne, Madrid, Cape Town, Singapore, São Paulo, Delhi, S. 106–132.

Plattform der *Globalisierung*. Konsequent weitergedacht ist die Global City aber noch mehr, sie wird zum Subjekt, zum internationalen Akteur.

Das Verdienst der Theorie besteht in der Verortung der Globalisierung: „Die globale Ökonomie existiert nicht „irgendwo da draußen außerhalb der Nationalstaaten", sondern in den „Metropolen des Weltmarkts". Diese kennzeichnen vier Funktionen: Sie sind 1) hochkonzentrierte Kommandozentralen zur Organisation der Weltökonomie, 2) Schlüsselorte für Finanzmärkte und Dienstleistungen sowie die entsprechenden Unternehmen, 3) Produktionsstandorte und Orte für Innovationen führender Industrien und 4) wichtige Märkte für diese Produkte.

Von dieser Beschreibung zweigen mehrere Diskussionsstränge ab: Die vielleicht einflussreichste Richtung versucht Global Cities zu identifizieren und ihre Bedeutung zu erfassen. Das führt zu zahlreichen Unterscheidungen, etwa in Global Cities erster und zweiter Ebene, sowie zu entsprechenden Rankings. Das gängige Verfahren der Hierarchisierung erschließt sich unmittelbar und ist wahrscheinlich genau deshalb so erfolgreich und einflussreich.

Eine weitere Richtung versucht eine Antwort auf die Frage, dass administrative Stadtgrenzen und tatsächliche Stadt so gut wie nie übereinstimmen. Dies gilt für die meisten Städte und ist kein neues Phänomen. Die Lösung wird im Begriff *Region* gesucht und etabliert den Begriff der *Global-City-Region*.

Eine dritte Forschungsrichtung sucht eine thematische Präzisierung durch die Analyse einzelner Branchen.

Die maßgeblichen Beiträge zum Thema stammen aus der Soziologie. In der Rezeptionsgeschichte fällt auf, dass sich sowohl die Ökonomie wie die Politikwissenschaft wenig zu Wort melden. Ein erstaunlicher Befund, zielt Sassens These doch ins Herz des Selbstverständnisses der Politikwissenschaft, in dem Staaten nach wie vor eine maßgebliche Rolle spielen. Eine erste Reaktion ist die Verknüpfung des Themas mit dem Begriff *Governance*. So wie der Netzwerk- den Strukturbegriff verdrängt, wird Politik zu Governance. Überzeugt das?

Wird Struktur rein statisch und Politik mehr oder minder als Feld des Staates verstanden, erscheint ein neues Verständnis gerechtfertigt. Aber Strukturen sind nicht nur statisch, und auch Politik ist nicht ausschließlich staatlich. Politik darauf zu reduzieren, ist weder heute noch in der Vergangenheit durch die Realität gedeckt. Spätestens an dieser Stelle fällt eine Ähnlichkeit auf. So stark Sassens Begriff Global City ist, seine Beschreibung und Begründung wirken seltsam unmodern.

Das verdeutlicht eine historische Gegenprüfung: Lässt sich der Begriff „Kommandozentralen der Weltökonomie" in anderen Epochen, etwa in der *Antike* oder im *Mittelalter,* vorstellen? Ohne Frage gibt es zu jener Zeit keinen Welthandel im heutigen Sinn, aber es besteht jedoch ein bedeutender Fernhandel. Mit Sassens Vokabular ist auch die ökonomische Rolle des antiken *Rom* gut zu beschreiben.[34] Und das *Florenz* unter den Medici lässt sich als einer *der* Schlüsselorte der frühneuzeitlichen Geldökonomie deuten. Schließlich sind *London*

---

34 Kolb, Frank (2002), Rom. Die Geschichte der Stadt in der Antike. München, S. 250–308.

und *Berlin* maßgebliche Produktionsstandorte und Märkte für die innovativen Industrien des 19. Jahrhunderts, die neue Produkte und Branchen hervorbringen, etwa Borsigs den Weltmarkt beherrschende Eisenbahnen und die Produkte von AEG und Osram. Max Weber wäre entzückt von Sassens Theorie.

Was jedoch das antike *Rom* von Global Cities wie dem heutigen *New York City* grundlegend unterscheidet, ist nicht die Rolle als „hochkonzentrierte Kommandozentrale", sondern es sind ihre Dimensionen, Reichweite, Wirksamkeit, die von der Digitalen Revolution hervorgebrachten innovativen Tools und vor allem die Dynamik, mit einem Wort: die *Beschleunigung*, mit der sie ihre Funktionen ausüben.[35] In diesem Sinn steht die Global City auch für eine Machtverlagerung hin zu einigen wenigen Städten. Während die Global City zum mächtigen Akteur auf der internationalen Bühne wird, gibt es eine bittere Kehrseite in Form marginalisierter Städte und Regionen sowie entschleunigter Zonen wie die *Shrinking City*. Damit ist die Global City die urbane Antwort auf die *Globalisierung*, so lautet Sassens Antwort auf die Ausgangsfrage.

Die Konstruktion des Begriffs Global City ist eine der innovativsten und einflussreichsten wissenschaftlichen Leistungen der letzten Jahrzehnte. Sie öffnet den Blick auf die Stadt und ihre Bedeutung für die globale Ökonomie. Dieser Ansatz konzentriert sich auf eine bestimmte Funktion, was zwar legitim ist, aber andere Funktionen aus dem Blickfeld schiebt. Dagegen regt sich Widerspruch. So führt Date #9 zu einem Plädoyer für die Erdung der Debatte.

8. Die normale Stadt (Ash Amin | Stephen Graham)

Die *Ordinary City* wendet sich nicht gegen die *Global City* oder andere Stadttypen, sondern gegen die Methode, einzelne Funktionen überzubetonen. Prägnant formuliert haben diese Sicht die Geographen *Ash Amin* und *Stephen Graham*. Sie kritisieren, dass die Dominanz der Ökonomie die Multifunktionalität und Vielfalt in den Hintergrund rückt. Was Stadt ausmacht, wird so zum sekundären Merkmal. Das halten die Autoren für eine Fehldeutung.

In ihrer Sicht sind Städte Räume der Vielfalt und ihrer Mischung. „Die zeitgenössische Stadt ist eine bunt gemischte, vielschichtige Einheit – ein Nebeneinander von Gegensätzen der Vielfalt des Theaters des Lebens – sie ist keine homogene Einheit, und sie war dies nie."[36] Diese Aussage enthält zwei schlagkräftige Argumente:

Erstens lässt sie sich als moderne Interpretation von *Georg Simmel* lesen. In dieser Tradition stehen Städte sowohl als „Symbole für wachsenden Wohlstand,

---

35 Rosa, Hartmut (2005), Beschleunigung. Die Veränderung der Zeitstrukturen in der Moderne. Frankfurt a. M.
36 Amin, Ash; Graham, Stephen (2010), Cities of Connection and Disconnection, in: Paddison, Ronan; Timberlake, Michael (Eds.), S. 320–356, 320, 339, 419–420. Held, Gerd (2005), Territorium und Großstadt. Die räumliche Differenzierung der Moderne. Wiesbaden. Von Below, Georg (1900), Territorium und Stadt. Aufsätze. München, Leipzig.

Dominanz und Möglichkeiten als auch für Verschmutzung, Armut und Kampf um die Existenz".

Zweitens beharren die Autoren darauf, dass Stadt auch eine Einheit ist. Dies verbinden sie jedoch nicht mit Homogenität, sondern deuten sie als Einschluss von *Heterogenität*. Hier besteht eine große Nähe zu einem Ansatz des Soziologen *Gerd Held*. Im Mittelpunkt seiner Überlegungen steht etwas, das er „Einschluss-Ausschluss-Mechanismus" nennt. Gemeint sind die Möglichkeiten des Zutritts zu anderen sozialen Räumen und Milieus. Die Rede ist also von Durchlässigkeit, von Nähe und Vielfalt.

Ihre Beobachtungen setzen Amin und Graham mit zwei Prozessen in Beziehung: Zum einen folgt aus der *Globalisierung* eine Intensivierung des Kontaktes durch moderne Kommunikationsmittel und eine Ausweitung des Verkehrs. Das durchdringt den gesamten Alltag, den zunehmend Ereignisse an weit entfernten Orten beeinflussen. Zum anderen entsteht so eine neue Schicht („*layer*") zwischen Städten, ihrem Umfeld und der Welt. Diese Schicht ermöglicht eine Ausweitung der Beziehungen, was wiederum eine neue Funktion ermöglicht – ihre Schlüsselstellung als dynamische Plattform. Damit werden Phänomene anerkannt, wie Sassen und andere sie beschreiben: die weit über den Ort hinausreichenden, oft globalen Einflüsse der Stadt. Amins und Grahams Sicht kritisiert aber auch die Methode, der Stadt *eine* Hauptfunktion zuzuweisen, und als Antwort schlagen sie ein Verständnis mit fünf Merkmalen vor:

1) *Nähe*: Damit meinen sie die Nachbarschaft verschiedener Phänomene zur gleichen Zeit in einer Welt schneller Ströme.[37] Räumliche Nähe zählt dazu ebenso wie die Möglichkeit, weit entfernten Entwicklungen etwa durch digitale Hilfsmittel nah zu sein. Ob real oder virtuell – Städte sind Treffpunkte.

2) *Dichte*: Das von nahezu allen Autoren genannte Merkmal betonen auch Amin und Graham, wobei sie deren Einzigartigkeit hervorheben und von „dichter Kreativität" sprechen, verstanden als Inseln oder Enklaven, die jedoch über den lokalen Raum hinauswirken.

3) *Vielfalt*: Bei diesem einschlägigen Merkmal betonen sie die „nebeneinander stehende Vielfalt".

4) *Knoten*: Dieser Begriff betont die Rolle von Städten als Orte der Erfahrung in und mit unterschiedlichen Zeiten und Räumen. Dies ist das Ergebnis der Überlagerung verschiedener Bezugsnetze mit unterschiedlichen Rhythmen und Reichweiten.

5) *Institutionen*: Sie gehören zur Stadt und bilden ihre häufig unterschätzte „konzentrierte und komplexe institutionelle Basis" zur Steuerung (*Urban Governance)* der eigenen Vorgänge.

---

37 Amin, Ash; Graham, Stephen (1997), The Ordinary City. Transactions of the Institute of British Geographers, S. 420. Amin, Ash; Graham, Stephen (2010), S. 350–355.

Nähe, dichte Kreativität, Heterogenität, Knotenfunktion und eine institutionelle Basis – diese Merkmale machen in Amins und Grahams Sicht die Stadt aus. Ihr Begriff dafür lautet *Multiplex City*. Das ist die aktuell modernste Stadtdefinition. Sie ermöglicht es, Phänomene wie die Funktion einer Stadt als Global City zu erklären und zu vergleichen, ohne damit die Vielfalt der gewöhnlichen Stadt, zu verlieren. Dabei beschränken die Autoren ihre Sicht nicht auf die Ökonomie. Gilt die *Global City* als Prototyp der ökonomisch erfolgreichen Stadt, so ist das bei der *Ordinary City* nicht unbedingt zu vermuten, wenn sie als Gegenentwurf verstanden wird. Amin und Stephen sehen das nicht so, sondern betrachten die von ihnen herausgearbeiteten Merkmale als Voraussetzung für ökonomischen Erfolg. Um ihn zu realisieren, bedarf es dreier Bedingungen:

1) Zugehörigkeit und Vertrauen in die *Vielfalt*: Beides zu pflegen, erweitert die ökonomischen Möglichkeiten.
2) *Geteilte Räume*: Es gilt nicht die Räume aufzuteilen, sondern umgekehrt: unterschiedliche soziale Gruppen und Milieus teilen sich die Räume; eine Ansicht, die auch *Richard Sennett* vertritt.
3) *Offenheit*: Die offene Stadt ist nicht beherrscht von hinderlichen räumlichen und sozialen Barrieren, sondern sie vermeidet urbane *Gentrifikation*, ist nicht gefangen in einer permanenten Spirale des Niedergangs, der Kapitalflucht, mangelnder Initiative und steigender Kosten verbunden mit der Bedrohung von Kriminalität, Unsicherheit und sozialem Zusammenbruch.

Anspruchsvolle Gedanken. Um erfolgreich zu sein, schlagen die Autoren eine nicht minder anspruchsvolle Methode vor. Sie nennen sie „dialogische Politik" und verstehen darunter eine „urbane Demokratie", eine „zivilgesellschaftliche Ermächtigung" *(Civic Empowerment)*. Sie kann überall erfolgreich sein, nicht nur exklusiv in den Städten des Nordens. Die Frage, die die Stadt beantwortet, besteht für Amin und Graham im Wunsch nach einem guten Leben für möglichst viele. Eine hoffnungsvolle, an *Aristoteles* erinnernde Sicht. Um das „gute Leben" geht es auch dem nächsten Autor.

1) Richard Sennett, Die offene Stadt. 2018, 400 S.

So streng und präzise Sennett argumentiert, er vergisst nie die Menschen. Das Schlusskapitel über Kant und die Berliner Kantstraße ist ein Meisterwerk.

2) Italo Calvino, Die unsichtbaren Städte, Roman, 1985, Original, 1977, 196 S.

55 elegante, visionäre Porträts mit tiefen Einsichten: „Den Menschen, der lange durch wilde Gegenden reist, ergreift die Sehnsucht nach einer Stadt."

3) Lewis Mumford, Die Stadt. Geschichte und Ausblick, 800 S.

Schriftsteller, Historiker, Philosoph, Soziologe – Mumford ist alles in einem. Sein Buch ist wild, mutig, verstiegen und inspirierend. „Die Hauptfunktion der Stadt ist es, Energie in Form zu bringen, Energie in die Kultur, tote Masse in lebende Kunstsymbole, biologische Reproduktion in die soziale Kreativität."

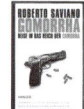

4) Roberto Saviano, Gomorrha. Reise in das Reich der Camorra, 2006, 364 S.

Was die Kriminalität mit einer Stadt macht, zeigt der italienische Autor am Beispiel von *Neapel* und Umgebung. Hunderte von Ermordeten jedes Jahr, Korruption, Gewalt und das allgegenwärtige Schweigen. Der Autor bricht es und wird für sein Buch mit dem Tod bedroht.

5) Stig Dagerman, Deutscher Herbst, Reportagen, 1947, 120 S.

1947 reist der schwedische Schriftsteller für die Tageszeitung *Expressen* nach Deutschland. Seine Reportagen blicken tief in die Seele eines zerstörten Landes: „Diese Menschen sind die schönsten Ruinen Deutschlands, bis auf weiteres aber sind sie ebenso unbewohnbar wie die eingestürzten Häusermassen …"

6) Zygmunt Bauman, Stadt der Ängste, Stadt der Hoffnungen, 2019 Original 2003, 62 S.

„Stadtbewohner sind nicht notwendig klüger als der Rest der Menschen – doch die Dichte der Besiedlung führt zu einer Konzentration der Bedürfnisse. Daher werden in der Stadt Fragen gestellt, die anderswo nicht gestellt werden, Probleme entstehen, mit denen Menschen unter andren Umständen nicht fertigwerden müssen."

7) Dieter Hoffmann-Axthelm, Die dritte Stadt. Bausteine eines neuen Gründungsvertrages, 1993, 252 S.

Nach der antiken und der mittelalterlichen Stadt gerät die moderne Stadt an die Grenzen ihrer Leistungsfähigkeit. Für die Zukunft sind Bedingungen neu auszuhandeln. Scharf argumentiert, radikal und brillant.

8) Robert Harris, Pompeji, Roman, 2003, 382 S.

Die Stunden vor dem Ausbruch des Vulkans als spannender Krimi erweckt das antike *Pompeji* zum Leben. Aus Sicht des für die Wasserversorgung zuständigen Aquarius entsteht ein lebendiges Bild des Alltags. Harris mag seinen Helden – und rettet ihn.

9) Suketu Mehta, Bombay Maximum City, 2006, Original 2005, Reportage, 782 S.

Ein Buch wie ein Trip: bildgewaltig verbindet Mehta die Hoffnungen vom Aufstieg mit den Machenschaften muslimischer und hinduistischer Gangs. Abgründig, sinnlich und reich.

10) Dirk Neubauer, Das Problem sind wir, 2019, 234 S.

Ein atemberaubender Erfahrungsberichte aus der Kommunalpolitik. Der Bürgermeister der sächsischen Kleinstadt Augustenburg informiert über eine Bürokratie, die alle Ziele aus den Augen verliert, und über engagierte wie desillusionierte Bürgerinnen und Bürger. Erhellend und ermutigend.

9. Die offene Stadt (Richard Sennett)

Der Soziologe *Richard Sennett* behandelt die Stadt in zahlreichen Arbeiten. Die Essenz findet sich im Abschlussband seiner Homo-Faber-Trilogie „Die offene Stadt".[38] Sennetts Interesse gilt der Zukunft: „Sollte Stadtplanung die bestehende Gesellschaft repräsentieren oder sie zu ändern versuchen? Wie können Menschen mit unterschiedlichen Weltanschauungen und Hintergründen gut zusammenleben?"

Zur Beantwortung der Fragen unterscheidet Sennett zwischen *ville* und *cité*. Erstere meint die gesamte Stadt, letztere einen bestimmten Ort. Im Idealfall passt beides nahtlos zusammen, tatsächlich aber kommt es im Zuge des Wachstums der Städte zu Abschottungen der *cité* von der *ville*. Sennett macht dafür vor allem die Standardisierung des Städtebaus verantwortlich: „Die Städte, in denen wir heute leben, sind in einer Weise geschlossen, die das Geschehen im technischen Bereich spiegeln." Das führt zu der Frage des Verhältnisses von Gebautem und Gelebtem. In einer *Tour d'horizon* reflektiert Sennett Versuche, Städte für alle lebenswert zu gestalten – von *Ildefons Cerdàs* „Gewebe" für *Barcelona*, das auf Gleichheit zielt, aber Monotonie erzeugt, über *Georges-Eugène Baron Haussmanns* Versuch, *Paris* als Netzwerk zu gestalten, um die Stadt zugänglich zu machen, wobei er den Raum gegenüber dem Ort bevorzugt, bis zu *Frederick Law Olmsteds* Central Park für *New York City*, der Geselligkeit offeriert und künstliches Vergnügen bietet. In Summe erwächst daraus eine Skepsis gegenüber Masterplänen, die eine fertige Stadt liefern.

Als Gegenmodell entwickelt Sennett eine Methode zur Öffnung der Stadt. Er betrachtet zunächst den „heiligen Gral der Stadtplanung", die Schaffung von Orten mit besonderem Charakter. Um diesen und die ihn erzeugenden Maßnahmen zu beschreiben, verwendet er die Metapher des geschriebenen Texts. In Texten bedeutet das *Ausrufezeichen* eine zusätzliche Betonung; ein *Semikolon* unterbricht den Fluss, den ein Punkt später beendet, und die *Anführungszeichen* heben die Bedeutung eines Wortes oder einer Aussage hervor.

Neben diesen Maßnahmen der Stadtplanung plädiert er für die Anwendung von fünf Formen: 1) Gestaltung öffentlicher Räume, die gleichzeitige und nicht serielle Aktivitäten fördern. 2) Schaffung von durchlässigen, anstatt von abgeschotteten Räumen. 3) Bewusste, aber zurückhaltende Setzung von Merkzeichen, um unscheinbare Orte hervorheben. 4) Nutzung von Typenformen, die Variationen und Veränderungen ermöglichen. 5) Möglichkeiten, Themen zu entwickeln, was eine über Masterpläne gesteuerte Stadtentwicklung verwirft.

---

38 Sennett, Richard (2018), S. 21, 270, 298.

Tabelle 4: Der Text der Stadt/die Stadt als Text

AUSRUFUNGSZEICHEN!	SEMIKOLON;	„ANFÜHRUNGSZEICHEN"
Ein Beispiel ist *Rom* im Jahr 1585 unter Papst Sixtus V. Er möchte die Pilgerstätten ver-binden. Dazu werden *Obelisken* aufgestellt, die Orientierung bieten und einen spirituellen Weg beschreiben. Weitere Beispiele: die *Nelson-Säule* in *London*, *Madelaine* in *Paris* und zahlreiche Reiterstandbilder.	Als den Fluss unterbrechende Form fungiert die *Kreuzung*. In *New York* strukturiert sie das Verhältnis von den *Avenues* mit Geschäften und Büros und den *Streets*, wo die Menschen leben. Vergleichbare Prinzipien nutzen *Shanghai* oder *Barcelona* (abgeschrägte Blocks).	Sie schaffen Merkzeichen. Dazu zählen Bänke und andere Straßenmöbel, die in diesem Sinn weit mehr sind als Verschönerung.

Richard Sennetts *Offene Stadt* ist ein Konzept gegen die Abschottung einzelner Gruppen und ein leidenschaftliches Plädoyer gegen Gedankenlosigkeit. Das läuft auf eine enorme Kraftanstrengung hinaus, um dem „guten Leben" für viele ein wenig näherzukommen. Das wichtigste Instrument ist für ihn eine neue Stadtplanung: „Die offene ville vermeidet die Sünden der Wiederholung und der statischen Form. Sie sorgt für die materiellen Bedingungen, in denen die Menschen ihre Erfahrungen gemeinschaftlichen Lebens verdichten und vertiefen können." Anstatt den Menschen eine fertige Stadt vorzusetzen, gibt Sennett ihnen die Chance zur Mitgestaltung.

10. Die Erkenntnisse der Expertinnen und Experten

Was also antworten die Expertinnen und Experten, wenn wir sie fragen: Für welches Problem bietet die Stadt eine Lösung?

- Am radikalsten antwortet *Jürgen Friedrichs*: keine – das ist die Konsequenz aus seiner grundsätzlichen Ablehnung, die Stadt als eigene Form zu sehen.
- Am anderen Ende des Spektrums steht *Aristoteles*. Funktional-normativ versteht er die Stadt als *das Werkzeug für das gute Leben*.
- Empirisch-analytische Antworten geben *Werner Sombart* und *Max Weber*. Für Sombart ist die Stadt eine Struktur, die Vielfalt organisiert, für Weber gibt sie dem Markt eine durch die Politik garantierte Form. Das Thema Vielfalt löst er, in dem er verschiedene Ausprägungen der Stadt zu Typen bündelt und so eine bis heute wirkmächtige Methode etabliert.
- *Georg Simmel* und *Lewis Wirth* interessieren Wirkungszusammenhänge. Simmel betont dabei die *Dichte* (Nähe) und die psychologischen Folgen für den einzelnen Menschen. Wirth wiederum versteht die Stadt als „Labor der Gesellschaft" und der Moderne. Ihr Hauptkennzeichen ist die Verdichtung von Vielfalt. Damit erweitert er das strukturelle Verständnis der Stadt und bringt zugleich das Verhalten und Handeln der Menschen ins Spiel.

- Im Geist von Webers Methode erkennt *Saskia Sassen* den Stadttyp der *Global City* als die „Kommandozentrale" der globalen Wirtschaft und Finanzen.
- Vehement und mit einer Prise britischen Humors treten *Ash Amin* und *Stephen Graham* der Verengung des Blicks entgegen. Für sie – und hier sind sie sich einig mit *Richard Sennett* – bedeutet Stadt die Chance, Vielfalt zu organisieren. Sowohl Amin/Graham wie Sennett verbinden ihre Sicht mit einem optimistischen Grundvertrauen in das Handeln der Menschen, sofern es mit demokratischen Normen verbunden ist.

So vielfältig die Vorschläge sind, in zwei Punkten sind sich alle einig. Stadt organisiert *Dichte* und *Vielfalt*. Auch wenn jeder Ansatz für sich genommen schlüssig ist, fehlen jedoch die Kriterien, um sie zu vergleichen und ihre Tragweite zu begründen. Dazu ist ein dritter Weg erforderlich. Er führt über das Wort Stadt selbst und nutzt Erkenntnisse der Sprachforschung und -philosophie. Ausgangspunkt ist die Erkenntnis: Wenn Sprache für Menschen eine genetische Möglichkeit und eine kulturelle Realität ist, dann schreibt sich das, was Stadt bedeutet, in das Wort ein. Zu prüfen sind demnach die Bedeutungsinhalte des Wortes Stadt. Das geschieht im nächsten Kapitel. Noch erscheint der Begriff Stadt wie ein Suchbild, in dem das Versteckte deutlich und unsichtbar zugleich ist: „Deutlich für den, der gefunden hat, wonach er zu schauen aufgefordert war, unsichtbar für den, der gar nicht weiß, daß es etwas zu suchen gibt."[39]

---

39 Ballmann, Bernd (1990), Ein Vexierbild in New York. Kafkas Freiheitsgöttin mit Schwert. In: Harbusch, Ute; Wittkop, Gregor. Kurzer Aufenthalt – Streifzüge durch literarische Orte. Göttingen, S. 271.

C. Die Klugheit der Sprachen: Stadt ist ...

Verbirgt der Begriff Stadt etwas, das nicht schon beschrieben, analysiert, gedeutet ist? Und hilft das, um die bisher festgestellten Defizite zu überwinden? *Linguistik* und *Sprachphilosophie* unterscheiden zwischen der biologischen Fähigkeit, zu sprechen und Sprachen zu erlernen, sowie der Sprache selbst. Die Fähigkeit zu sprechen ist in unseren Genen verankert, die Sprache selbst ist eine kulturelle Errungenschaft. Darauf gründen neuere Erkenntnisse, nach denen sich „kulturelle Unterschiede auf tiefgreifende Weise in der Sprache widerspiegeln".[40] Mit anderen Worten: Was ein Wort bedeutet, ist in ihm selbst verankert. Wer also wissen möchte, was Stadt bedeutet, muss das Wort und seine Bedeutungen untersuchen.

> **(i) Sprechen über Sprache**
> Über Sprache zu reden vermag der Autor nicht ohne die Erkenntnis des Romanisten *Victor Klemperer*. In *LTI – Notizbuch eines Philologen* (Lingua Tertii Imperii) von 1947 analysiert er die Sprache des Nationalsozialismus. Eines seiner Ergebnisse: Gewalt beginnt mit der Sprache, und zwar vor allem dann, wenn Menschen zu Gegenständen – also Subjekte zu Objekten – werden. Aus diesem Grund verzichtet der Autor vollständig auf die Objektivierung und Neutralisierung von Subjekten, inkl. aller heute üblichen Kürzel, selbst wenn deren Verwendung edlen Motiven entspringt. Respekt geht vor Effizienz. Deshalb ist im Zweifel bspw. stets von „Einwohnerinnen und Einwohnern" einer Stadt die Rede, wohl wissend dass damit die Problematik weiterer Geschlechter noch nicht gelöst ist.

Seit wann Menschen sprechen, ist unklar. Sicherer ist das Wissen bezüglich der geschriebenen Sprache. Ob sie in Ägypten oder in Europa vor etwa 5300 v. Chr. in der *Donauzivilisation* – und nicht, wie lange angenommen, in *Mesopotamien* – erstmals entwickelt wird, ist Gegenstand einer nicht abgeschlossenen Fachdebatte. Unklar ist auch, ob es schon damals ein Wort für Stadt gibt. Falls ja, ist anzunehmen, dass mit diesem Wort versucht wurde, die Besonderheit dieser Siedlungsform auszudrücken.

Heute ist das Wort Stadt universell verbreitet und die mit ihm verbundenen Bedeutungen sind vielschichtig – zu unterschiedlichen Zeiten, in unterschiedlichen Räumen und Kulturen. Dennoch: „Stadt bleibt stets Stadt, wo immer sie in Raum und Zeit auch angesiedelt sein mag."[41] Um die Ähnlichkeiten und Unterschiede im Wort Stadt festzustellen, folgt ein kurzer Quervergleich von einem Dutzend Sprachen. Zusammengenommen sprechen sie über 4,7 Milliarden Menschen. Der Einstieg erfolgt jedoch über wichtige Sprachen des Altertums – Ägyptisch, *Griechisch* und *Latein*.

---

40 Darwin, Charles (2002, Original 1871), Die Abstammung des Menschen. Stuttgart. Deutscher, Guy 2010), Im Spiegel der Sprache. Warum die Welt in anderen Sprachen anders aussieht. München, S. 15. Ammon, Ulrich; Haarmann, Harald (Hrsg.) (2008), Wieser Enzyklopädie. Sprachen des europäischen Westens. Bd. 1: A–I. Klagenfurt. Haspelmath, Martin; König, Ekkehard; Oesterreicher, Wulf; Raible, Wolfgang (Hrsg.) (2001), Language Typology and Language Universals/Sprachtypologie und sprachliche Universalien/La typologie des langues et les universaux linguistiques, Bd. 1. Berlin, New York City.

41 Braudel, Fernand (2006, Original 1946), Geohistorie und geographischer Determinismus. In: Dünne, Jörg; Günzel, Stephan (Hrsg.), S. 395–408.

HISTORISCHE SPRACHEN					
1) Ägyptisch	2)	Griechisch 3)		Latein	

AKTUELLE SPRACHEN	Sprecherinnen und Sprecher in Millionen				Kontinent
	Insg.	Erst-sprache	Zweit-sprache	Länder	
1) Chinesisch	1299	k.A	k.A	k.A.	Asien
2) Englisch	942	339	603	108	weltweit
3) Spanisch	517	426	91	32	Europa, Lateinamerika
4) Hindi	380	260	120	5	Indischer Subkontinent
5) Arabisch	263	k.A.	k.A.	k.A.	Afrika
6) Französisch	223	75	153	54	Europa, Afrika, Asien
7) Portugiesisch	208	202	6	12	Europa, Lateinamerika
8) Bengali	208	189	19	5	Indischer Subkontinent
9) Russisch	200	171	30	k.A.	Europa, Asien
10) Deutsch	129	76	52	27	Europa
11) Japanisch	128	128	0	3	Asien
12) Koreanisch	77	77	0	8	Asien

Im Wesentlichen stützt sich diese Skizze – wie *Werner Sombart*[42] in seinem wegweisenden Aufsatz über die Stadt – auf Wörterbücher. Sombart beschränkt sich in seinem Text auf wenige Sprachen, die ihn die Methode verwerfen lassen. Das ist verständlich angesichts der geringen Zahl seiner Beispiele – *Deutsch, Englisch, Französisch*. Wird die Zahl erhöht und werden die Begriffe zerlegt, schafft das Vergleichbarkeit und offenbart eine reiche Bedeutungsvielfalt sowie den in allen Sprachen identischen Kernbestand des Wortes Stadt.

1. Stadt ist verdichtete Infrastruktur (Ägyptisch)

Hieroglyphen entstehen um etwa 3200 v. Chr. und werden bis etwa 300 n. Chr. benutzt. Anfänglich gibt es rund 700 Zeichen, bis in die griechisch-römische Zeit verzehnfacht sich ihre Zahl. Damit zählen Hieroglyphen zu den umfang-

---

42   Sombart, Werner (1931), S. 527–532.

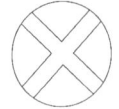

Abbildung 5: Ägyptische
Hieroglyphe für Stadt

reichsten je entwickelten Schriftsystemen.[43] Die Hieroglyphe für Stadt ist einer der ältesten bislang identifizierten Stadtbegriffe. Er zeigt einen Kreis, den ein diagonal gestelltes Kreuz gliedert. Daraus lässt sich Folgendes ableiten: Das ägyptische Stadtverständnis ist streng formal. Abgegrenzt von ihrem Umfeld bildet die Stadt eine eigene, durch ein Straßenkreuz in sich gegliederte *Einheit*. Sie grenzt sich ab von einer nicht näher definierten Umwelt. Möglicherweise verfügt sie über einen eigenen Status, vielleicht sogar über eine gewisse *Autonomie* und eigenes Recht. Das liegt zumindest in der Logik dieser Form. Ob diese Einheit auch mit anderen Einheiten verbunden ist, darüber sagt das Zeichen nichts.

Darüber hinaus lässt sich die Stadt als Raum der *Verdichtung* verstehen, der *Vielfalt* ermöglicht, denn die Viertel können durchaus für unterschiedliche Funktionen stehen. Am aussagekräftigsten ist die Hieroglyphe hinsichtlich der *Infrastruktur*. Straßen zählen zu deren Kernbestand, und in keinem anderen Stadtbegriff ist er so klar verankert. So beschreibt die ägyptische Hieroglyphe einen strukturellen Stadtbegriff und versteht Stadt als eigene Form mit eigener Logik, die sich als *verdichtete Infrastruktur* beschreiben lässt.

2. Stadt ist Bürgerpolitik (Griechisch)

In der Sprache von *Aristoteles* und *Platon*, von *Sophokles* und *Demosthenes*, also in *Altgriechisch*, noch genauer: im „attischen Dialekt", entstehen einige der wichtigsten Gedanken zur Stadt. Sie sind unvermindert bedeutsam, auch wenn das, was heute unter Stadt verstanden wird, nur der Siedlungskern der antiken *Polis* ist. Polis meint ursprünglich eine befestigte Höhensiedlung. In *Athen* wird der Begriff bis ins späte 5. Jahrhundert v. Chr. synonym mit *Akropolis* verwendet. Merkmale dieser Siedlung sind eine gewisse *Größe* an Einwohner- und Gebäudezahl sowie eine Reihe von Institutionen, was wiederum eine Konstitution der Stadt als *Einheit* bedeutet.

Zwei Besonderheiten kennzeichnen das griechische Verständnis. Zum einen die Zentralfunktion *in* und *für* ein größeres Gebiet. Bei der Polis verknüpft sie den urbanen Siedlungskern mit ihrem Umland zu einer Einheit. Die Funktion als Zentrale kann sich dabei auf a) die politische Steuerung und Lenkung, b) das sakrale Zentrum oder c) die Ökonomie (Markt) beziehen. Die funktionale Sicht macht den Begriff jedoch unscharf, indem die griechische Polis sowohl Stadt als auch Staat (*POLITEIA, ΠΟΛΙΤΕΙΑ*) sein kann.

43 Schenkel, Wolfgang (1997), Tübinger Einführung in die klassisch-ägyptische Sprache und Schrift. Tübingen. aaew.bbaw.de/tla/servlet/S05?d=d001&h=h001 (23.8.20).

„Die P.(olis) ist ein kollektiv verantwortlicher, zu verbindlicher Entscheidung im Inneren und gemeinsamem Handeln nach außen befähigter Verband. Ihre Ordnung beruht auf Recht und Gesetz. Die P. steht unter dem Schutz einer Gottheit, die ihren Bestand verbürgt; der gemeinsame Kultus ist konstitutiv für den P.-Verband. Die Mitglieder des Verbandes, die Bürger, die zugleich sein militärisches Potential ausmachen, sind das konstitutive Element des Gemeinwesens, nicht die Stadt im physischen Sinne oder die Stadtmauern. Die Gefährdung der P. ergibt sich aus der stasis, jeglicher Form der Entzweiung der Bürgerschaft bis hin zum Bürgerkrieg. Die P. bedarf deshalb zu ihrem Bestand der Übernahme von Verantwortung durch die Bürger bzw. Freundschaft und Eintracht (homonoia) in der Bürgerschaft. Je mehr die Bürgerschaft als Handlungssubjekt hervorgehoben wird, desto mehr gelten Alleinherrschaften und enge Oligarchien als mit dem Wesen der P. unvereinbar; (Gleichheit implizierende) Selbstregierung der Bürger im Inneren und Autonomie im Äußeren sind vorzugsweise Voraussetzungen der Freiheit. Äußere Merkmale sind Agora, Prytaneion (zugleich der Ort des Herdfeuers der P.), Buleuterion, Gymnasien und Tempel; die staatliche Einheit erweist sich in der Existenz von jeweils nur einem Prytaneion und Buleuterion."[44]

Die zweite Besonderheit ist die Funktion der Polis als Gemeinschaft der *politai*, der Bürger. Diese Bedeutung ist neu und epochal. Sie entwickelt sich über einen längeren Zeitraum und lässt sich als Antwort auf äußere Bedrohungen und auf eine Führungskrise im archaischen Zeitalter verstehen. In der Polis ist die Verantwortung nicht wie zuvor zentralisiert, sondern auf zahlreiche Köpfe verteilt und die Machtfülle sowie die Zeit ihrer Ausübung begrenzt. Das ist nach wie vor eine der Grundideen der Demokratie. Ihr Hauptmerkmal ist die *POLITEVMA (ΠΟΛΙΤΕΥΜΑ)*, die besondere, neue Regierungsform. Neu dabei ist der Begriff des Bürgers *POLITIS* (ΠΟΛΙΤΗΣ, Bürger) sowie seine Einbindung und Identifizierung mit dem Gemeinwesen.

Damit etabliert die Polis erstmals eine bürgerliche Stadtgesellschaft. Darin liegt ihre Bedeutung, auch wenn der nun zum Stadtbürger gewordene Stadtbewohner nur einen kleinen (und ausschließlich männlichen) Anteil der Bevölkerung umfasst. Dennoch erlebt die Stadt damit einen innovativen Bedeutungswandel. Fortan ist sie nicht mehr nur *Objekt* oder *Plattform* fürstlicher Herrschaft, sondern sie kann auch eigenständig als *Subjekt* handeln. Mit der Polis entsteht die Blaupause für eine neue Form des Zusammenlebens. Das hat zwei Folgen, von denen eine nach innen und eine nach außen wirkt:

a) Am einflussreichsten ist ihre Etablierung als Bürgerverband. Durch diese Funktion werden selbst kleine Siedlungen zu Städten, die gemessen an der Einwohnerzahl nicht so bezeichnet würden. Wichtiger ist die Verwandlung des Bewohners zum Bürger, was zur Trennung der öffentlichen und der privaten Sphären führt. Öffentlich übernehmen die Bürger Verantwortung und erhalten die Möglichkeit, sich politisch zu betätigen. So kommt ein Prozess

---

44 Nippel, Wilfried (1989), Polis, in: Ritter, Joachim; Gründer, Karlfried (1989), Historisches Wörterbuch der Philosophie. Bd. 7: P–Q. Darmstadt, S. 1032.

in Gang, der es erfordert, die Rechte und Pflichten der Bürger immer wieder neu auszuhandeln.

b) Die Polis als eigene Herrschaftsform zu sehen, heißt auch, sie als mit *Autonomie* ausgestattete Organisationsform zu verstehen, die ihr Leben selbst gestalten kann und will.[45]

Aristoteles' pointierte Zusammenfassung, nach der die Hauptaufgabe der Polis für ihre Bürger darin besteht, ihnen das „gute und richtige" Leben zu ermöglichen, gibt der Stadt ihre Mission. Sie wird zum Werkzeug, um die Menschen zum „Besseren" zu entwickeln. Das ist auch die Antwort auf die Frage, wie sich durch willkürliche Fürstenherrschaft hervorgerufene Krisen überwinden lassen. Bis heute ist die Polis einer der anspruchsvollsten Stadtbegriffe. Mit ihr verdanken wir der griechischen *Antike* das Modell einer unvermindert relevanten Herrschaftsform: die städtische Bürgergesellschaft.

3. Stadt ist Machtpolitik (Latein)

Das Römische Reich war eine urbane Kultur. Eines ihrer wesentlichen, seine Kultur prägenden Herrschaftsinstrumente ein System mit unterschiedlichen Stadttypen. So verfügt das Latein über mehrere Stadtbegriffe, von denen *oppidum, urbs, municipium, colonia* und *civitas* die wichtigsten sind. Sie stehen für bestimmte Aufgaben und bilden zusammen ein differenziertes Städtesystem.

Dabei ist *Rom – urbs* (Groß- und Hauptstadt) – das Zentrum, und die anderen Stadttypen formieren eine differenzierte Peripherie. Längere Kataloge von Merkmalen, wie sie fast alle anderen Sprachen bieten, beschränken sich im Lateinischen auf einige Infrastrukturelemente wie die Stadtmauer und die Heraushebung des Bürgers mit seinen Rechten und Pflichten. Im Vergleich mit der Polis fällt auf, dass in beiden Fällen das Verständnis der Stadt ausdrücklich politisch ist. Während bei der Polis mit der städtischen Bürgergesellschaft eine neue Herrschaftsform im Mittelpunkt steht, scheint dies bei der *civitas* zunächst ähnlich, doch diese Bedeutung verwischt spätestens mit dem Wandel des Römischen Reichs von der Republik zum Kaiserreich. Die städtische Bürgergesellschaft wird zur Machtgesellschaft, die ein Imperium mit ihren Kaisern an der Spitze steuert und einen eigenen Lebensstil prägt.

---

45   Mann, Christian (2010), Politische Partizipation und die Vorstellung des Menschen als Zoon Politikon, in: Hansen, Mogens Herman (Hrsg.), Athenian demokratia – Modern Democracy: Tradition and Inspiration, Genf, S. 51–65.

Römische Stadtbegriffe

Oppidum: Der häufigste lateinische Stadtbegriff bedeutet ursprünglich die Burg eines Stammes, der durch Wall gesicherte Vorort einer Civitas oder eines Gaues.[46] Zur Stadt wird das seit dem 7. Jahrhundert v. Chr. nachweisbare *oppidum* „durch Bevölkerungskonzentration und soziale Differenzierung". Die Sicherheit gewährende Stadtmauer ist ihr wichtigstes Merkmal. Wörtlich meint *oppidum* einen befestigten Platz, wird meist für kleinere Städte verwendet, in der Regel für die *Landstadt,* gelegentlich auch als Synonym für *urbs,* der wichtigsten Bezeichnung für Rom. (Livius: 42,20,3.) Verwendung findet der Begriff sowohl für Siedlungen inner- wie auch außerhalb des Reiches. Als einziger der fünf wichtigsten lateinischen Stadtbegriffe sagt *oppidum* nichts über den Rechtsstatus der Siedlung aus.

Urbs: „Im weiteren Sinne bezeichnet U.(rbs) geographisch wie politisch eine große Stadt bzw. Hauptstadt, im engeren Sinne (seit *Sallust* und *Cicero*) die Stadt Rom, Symbol röm. ‚Urbanität'."[47] In Abgrenzung zu *oppidum* wird unter *urbs* – neben Rom – eine größere, meist ummauerte Stadt mit eigenem Rechtsstatus verstanden. Die Wurzel des Wortes taucht schon früh in anderen lateinischen Begriffen auf, etwa in „urbanitas", was Höflichkeit, Gewandtheit und gute Bildung bedeutet. Insofern verweist der Begriff auf einen spezifisch städtischen Lebensstil.

Municipium: Dieser Begriff meint Pflichten und Leistungen. Eine weitere Verbindung gibt es mit dem Verb *capere,* (an-)nehmen, ergreifen, erfassen. Ursprünglich für nichtrömische *Landstädte* verwendet, wird der Begriff seit *Caesar* auch in den Provinzen genutzt. Die Römer gliedern unterworfene Völker ihrem Herrschaftsgebiet als *socii* (Bundesgenossen) an. Deren Städte (*municipia*) behalten zwar ihre autonome Verwaltung und zivile Rechtsprechung, ihre Bürger jedoch müssen im römischen Heer Kriegsdienste leisten. „Nach und nach erhalten die municipia abgestufte Formen des Bürgerrechts und sind in unterschiedl. Weise am röm. Verfassungsleben beteiligt." *Municipium* bezeichnet somit einen Rechtsstatus im Verhältnis zu Rom.

Colonia: „Kolonie, Ansiedlung, Stadt" sind die Hauptbedeutungen des Wortes *colonia,* das zusammenhängt mit dem Verb *colere,* „bebauen, (be-)wohnen". In Rom wird „das Mittel der Koloniegründung im Zuge der Ausdehnung der röm. Herrschaft auf weite Teile Italiens als gezielte Maßnahme eingesetzt, um die eigene Macht zu festigen". Somit sind römische Kolonien „städtische Neugründungen mit röm. Bürgern, die sich selbst verwalteten, aber das volle Bürgerrecht behielten". Politisch ist damit vor allem ein Abhängigkeitsverhältnis zu Rom beschrieben, wobei eine *colonia* über weitreichendere Rechte verfügt als ein *oppidum.*

Civitas: Der wichtigste lateinische Stadtbegriff bedeutet die Bürgerschaft, das Bürgerrecht, die Gemeinde, den Staat, die Stadtgemeinde und die Stadt. Die *civitas* ist die Gemeinschaft der Bürger – ein Stück weit vergleichbar mit der *Polis.* „Die Römer verwendeten den Begriff in erster Linie für fremde Gemeinden, während die röm. Bürger in ihrer Gesamtheit als *populus Romanus,* ‚röm. Volk', bezeichnet wurden." Insofern bezeichnet *civitas* vor allem die spezifisch römische Herrschaftsform des Stadtstaates, die städtische Bürgergesellschaft.

---

46 Cancik, Hubert; Schneider, Helmuth (Hrsg.) (2001), Der Neue Pauly. Enzyklopädie der Antike. Bd. 10 Pol–Sal. Stuttgart, Weimar, S. 1261. Das folgende Zitat: Brodersen, Kai; Zimmermann, Bernd (Hrsg.) (2006), Metzlers Lexikon der Antike. Stuttgart, Weimar, S. 622 und S. 398–399.

47 Dieses und das folgende Zitat: Brodersen, Kai; Zimmermann, Bernd (Hrsg.) (2006), Metzlers Lexikon der Antike. Stuttgart, Weimar, S. 622 und S. 398–399.

Rom als Zentrale gibt dabei den Takt vor, der vielfach als Vorbild dient. Insofern ist das römische Städtesystem eine Maschine zum Machterwerb und -erhalt. Dementsprechend liefern die lateinischen Stadtbegriffe eine erste differenzierte, funktionale Stadttypologie. In ihr ist die Stadt ein Kernelement römischer Herrschaft.

4. Stadt ist strukturierte Verdichtung (Spanisch)

Der spanische Begriff für Stadt, *ciudad, geht auf das* lateinische Wort *civitas* zurück. Trotz der sprachlichen Nähe zählen Bürger nicht zu den ausdrücklichen Inhalten des Stadtbegriffs. Das spanische Verständnis ist formaler. Es versteht unter Stadt die „Gesamtheit von Gebäuden und Straßen unter der Leitung einer *Stadtverwaltung,* deren *Dichte* und zahlreiche Bevölkerung in der Regel einer *nicht landwirtschaftlichen* Beschäftigung nachgeht".[48]

Der in der lateinischen Wurzel enthaltene Stadtbürger wird abgelöst durch die Bevölkerungszahl und -dichte. Die Nennung von Größe und Dichte ist bemerkenswert, denn damit wird neben der Zahl auch die qualitative Komponente dieses Merkmals betont.

Auffällig ist die ökonomische Dimension des spanischen Stadtverständnisses. Sie betont die Tätigkeit der Bevölkerung in vorwiegend nichtlandwirtschaftlichen Arbeitsbereichen. Diese Formulierung ist ein Hinweis auf die charakteristische Arbeitsteilung und *Vielfalt* und grenzt sie so gegenüber dem Land ab.

Für die Benennung überregional bedeutsamer Städte und Ballungsgebiete wird der Begriff *ciudad capitalina* verwendet. Er ist jedoch nicht exakt genug, da er in der Praxis für fast jede Verwaltungseinheit mit einer gewissen *Autonomie* Anwendung findet.

Ergänzend gibt es im Spanischen die Begriffe *núcleo poblacional* (Ballungsraum), *conjunto urbano* (urbaner Bereich) und área metropolitana (Metropolregion), die sich von Synonymen des Wortes *ciudad* ableiten: *población, metrópoli y urbe.* Der Begriff *metrópoli,* der im lateinischen *metropolis* wurzelt und dieser wiederum im griechischen μητρόπολις, meint im Spanischen: 1) Hauptstadt, Verwaltungssitz der Provinz oder des Staates, 2) erzbischöfliche Kirche, die andere Suffraganbischöfe unter sich hat, 3) Nation und ursprünglich Stadt in Bezug auf seine Kolonien. Als weiteren spanischen Stadtbegriff gibt es den Begriff *urbe* für große Städte, der im lateinischen *urbs* gründet.

---

48 Corominas, Joan; Pascual, José A. (1991–1997, danach mehrere Neuauflagen, hier zitiert die Ausgabe 2001), Diccionario etimologico castellano e hispánico. Bd. 2: Ce–f. Madrid, S. 153. Vgl. dict.leo.org/esde?lp=esde&p=DOKJAA&search=ciudad&trestr=0x8001 (23.8.20) es.wiki-pedia.org/wiki/Ciudad (23.8.20). Diccionario etimologico castellano e hispánico. Bd. 2: Ce–f. Madrid, S. 153. Blecua, Jose Manuel (1999), Diccionario general de sinónimos y antónimos. Barzelona, S. 277. Moliner, María (2007), Diccionario de uso del español. 2 Bde. Madrid.

Insgesamt ist der spanische Stadtbegriff formal. Die lateinische Bedeutung der Bürgergesellschaft schwingt in *ciudad* noch mit. *Dichte* und *Struktur* sind ausdrückliche Bedeutungsinhalte, wobei sich ersteres auf die Bevölkerung bezieht und letzteres auf die politische Administration sowie das Stadtbild. Alles in allem hat der spanische Stadtbegriff eine geringe Trennschärfe. Die Differenzierungen, um verschiedene Stadttypen und -funktionen benennen zu können, erfolgen über Begriffsergänzungen. Zusammengefasst lässt sich Stadt im Spanischen verstehen als *strukturierte Verdichtung*.

5. Stadt ist Lebensstil (Französisch)

Ville ist das französische Wort für Stadt. Aus dem lateinischen *villa* kommend meint es ursprünglich eine landwirtschaftliche Bewirtschaftung. Im *Mittelalter* steht die Bezeichnung *ville* dann für eine meist befestigte Siedlung.

Zur weiteren Unterscheidung nutzt das Französische die Begriffsergänzung. Die *ville forte* oder *ville fortifiée*, die von Schutzwällen oder einer Mauer umgebene Stadt mittlerer Größe, ist der bis ins 19. Jahrhundert prägende Stadttyp. In der Gegenwart führt diese Methode zu einer Reihe an der Einwohnerzahl orientierter Stadtbegriffe: *Village* bezeichnet das Dorf, *petite ville* die *Kleinstadt* und *grande ville* die *Großstadt*. Genutzt wird die Methode auch für andere Stadttypen, etwa *vieille ville* (Altstadt) oder die *satellite ville* (Satellitenstadt).

Inhaltlich ist die *ville* „eine geographische und gesellschaftliche *Einheit*, die durch ein organisches und relativ großes Konglomerat von Gebäuden und insbesondere Einwohnern besteht".[49] Hinzu kommt eine Arbeitsteilung, die dazu führt, dass die Bewohner „vorwiegend innerhalb dieses Konglomerat(s) arbeiten und zwar im Handel, in der Industrie und in der Verwaltung". Bezeichnet die *ville* die ganze Stadt, so benennt die von *Richard Sennett* so geschätzte *cité* die Innenstadt oder die Wohnsiedlung.

Eine weitere Wortbedeutung entwickelt sich in der Neuzeit. Im 17. Jahrhun-dert steht das Wort *la ville* – im Gegensatz zur Provinz – als Synonym für das gesellschaftliche, mondäne und intellektuelle Leben in *Paris*. Die Betonung des städtischen Lebensstils ist im französischen Stadtbegriff so ausgeprägt wie allenfalls noch im *Japanischen*. Am anschaulichsten schlägt sich dieses Verständnis nieder in zahlreichen, teils charmanten Redewendungen.

Alles in allem hat der französische Stadtbegriff sowohl quantitative, auf die Größe, also Gebäude- und Einwohnerzahl und damit auf *Dichte* abzielende wie qualitative Bedeutungsinhalte. Dazu zählen strukturelle politische und ökonomische Aspekte, insbesondere der nichtlandwirtschaftliche, arbeitsteilige Charakter der städtischen Wirtschaft. Ausgeprägt ist die Betonung des städtischen Lebensstils, die größte Innovation des französischen Stadtbegriffs.

---

49 Dictionnaire de la langue française. Le Grand Robert (1985), Vol. IX. Paris, S. 746. Die weiteren Zitate auf dieser Seite enstammen ebenfalls dieser Quelle, S. 746.

dîner en ville: (*dîner* = zu Abend essen) auswärts essen, zum Essen eingeladen sein

baise-en-ville: (*baiser* = Kuss, küssen) kleiner Koffer mit allem Nötigen fürs Wochenende

villes et filles qui parlementent sont à moitié rendues: „Städte und Mädchen, die verhandeln, sind bereits zur Hälfte eingenommen."

6. Stadt ist Bedeutung (Englisch)

Das englische *city* meint „große (bedeutende) Stadt", „die Großstadt", „der Ort", „die Wohnstadt". „An inhabited place of greater size or importance than a town."[50] Anders als im Französischen stehen im Englischen *Größe* und *Bedeutung* im Mittelpunkt.

Auf der einen Seite argumentiert das Englische quantitativ und vergleichend. Danach unterscheidet die Einwohnerzahl die *city* von der *town*, einem Wort, das schlicht mit „die Stadt" übersetzt wird und kleinere Stadt meint. Für sie gilt „one larger than a village, but smaller than a city", größer als ein Dorf, aber kleiner als die Großstadt. Größe (Einwohnerzahl), und damit verbunden *Dichte* sowie Abgrenzung zum Land, zum Dorf *(village)* sind die Hauptmerkmale der *city.*

Auf der anderen Seite ist mit dem englischen Stadtbegriff das Merkmal der Bedeutung verbunden. Ein Stück weit ergibt es sich aus der Größe, reicht aber darüber hinaus. So steht *city* auch für eine historische Stadt mit Bischofssitz und Kathedrale sowie für eine Stadt mit königlicher Urkunde und zeremoniellen Privilegien. Das betont den funktionalen Charakter der Stadt und ihre historisch gewachsene Bedeutung als politisches und religiöses Zentrum.

Darüber hinaus wird *city* in der internationalen Stadtforschung und im deutschen Sprachgebrauch bei größeren Städten für das Stadtzentrum genutzt. Diese Verwendung wurzelt in der Entwicklung *Londons,* wo sich im 18. Jahrhundert in der *City of London* eine Konzentration von Banken und Versicherungen entwickelt, während sich andere Innenstadtfunktionen in anderen Stadtteilen konzentrieren, etwa die Regierung in der *City of Westminster.*

Größe, Status und Funktion sind die Hauptbedeutungen des Wortes Stadt im Englischen. Nicht nur zur quantitativen Unterscheidung genutzt, sagt es auch etwas aus über den Status – das zweite Merkmal. Das dritte Merkmal, die Funktion, qualifiziert die Bedeutung. Weitere Bedeutungen fehlen im Englischen. So finden sich nur indirekte Hinweise auf die differenzierte Ökonomie oder den Lebensstil. Insofern ist der englische Stadtbegriff formal und inhaltsarm. Er eignet sich deshalb ideal für Begriffsergänzungen aller Art zur weiteren Qualifizierung und Typisierung. Das erklärt die hohe Popularität neuer, im Englischen kreierter Stadtbegriffe, von denen die *Global City* und die *Smart City* aktuell zu den bekanntesten gehören.

---

50   Webster's New Encyclopedic Dictionary (1993). New York City, S. 179.

- räumliche Gliederung in funktionale Viertel
- differenzierte Entwicklungsdynamik
- Abnahme der Wohnbevölkerung seit Beginn des modernen City-Bildungsprozesses
- hohe Arbeitsplatzdichte
- eine weitaus größere Tag- als Nachtbevölkerung
- geringer Anteil des verarbeitenden Gewerbes
- hohe Boden- und Mietpreise
- physiognomische Merkmale (Schaufenster, Bebauungsdichte, Repräsentationswert)

7. Stadt ist Recht (Deutsch)

Der „Duden" definiert Stadt in den 1980er Jahren „als größere geschlossene Siedlung, die mit bestimmten Rechten ausgestattet ist u. den verwaltungsmäßigen, wirtschaftlichen u. kulturellen Mittelpunkt eines Gebietes darstellt".[51] In einer der letzten gedruckten Ausgaben wird diese Definition 2001 ergänzt, und als Stadt gilt auch eine „große Ansammlung von Häusern (u. öffentlichen Gebäuden), in denen viele Menschen in einer Verwaltungseinheit leben".

Andere Wörterbücher nennen dieselben Merkmale, definieren Stadt zum Teil fast identisch als „große, in sich geschlossene, ein wirtschaftliches und kulturelles Zentrum bildende Siedlung". Vier Merkmale kennzeichnen die Stadt: a) *Größe* („viele Menschen", „große Anzahl von Häusern", differenziert in privat und öffentlich), was *Verdichtung* einschließt, b) *Geschlossenheit* bzw. *Einheit* der Siedlung, c) Funktion als *Mittelpunkt* und d) ein Katalog von *Rechten*.

Die besondere, in keiner anderen Sprache so ausgeprägte Bedeutung des *Stadtrechts* im Deutschen lässt sich bis ins *Mittelalter* verfolgen. Ursprünglich stammt das Wort aus dem Mittelhochdeutschen, taucht auf als *stat,* meint *Ort,* Stelle und erhält im 12. Jahrhundert die feste Bedeutung Ortschaft oder Siedlung. Hauptbedeutungen sind der Status und die Ausstattung mit bestimmten Rechten wie dem *Marktrecht* und dem *Münzrecht*.

Das „Deutsche Wörterbuch" der Brüder *Jacob* und *Wilhelm Grimm* verweist ergänzend auf den Unterschied zum *Niederhochdeutschen statt, stete* und zum Mittelhochdeutschen *stätte* und bemerkt, dass die Schreibweise Stadt lange „ein lediglich orthographisches Unterscheidungsmittel gegenüber statt" gewesen ist. „Die Bedeutungsentwicklung unseres Wortes", so das Grimm'sche Wörterbuch weiter, „wurde wohl nicht wenig durch die häufige Nebeneinanderstellung von Burg und Stadt gefördert."[52]

---

51   Duden, Bedeutungswörterbuch (1985), Mannheim, Leipzig, Wien, Zürich, S. 605.
52   Grimm, Jacob; Grimm, Wilhelm (2004, Original 1854–1960), Deutsches Wörterbuch. Elektronische Ausgabe der Erstbearbeitung. Frankfurt a. M. Bd. 10.2.1 (17 DTV), Lieferung 3: stabgold–stählen. Bd. 10.2.1, S. 1906. Zum Russischen: Bol'šaja Sovetskaja Ėnciklopedija (1969–78), BSE: 30 Bde. Moskau.

1) John Lennon, Walls & Bridges, 1974

Das dunkelste helle Album der 1970er Jahre. Lennons Stimme so eindringlich und klar wie nie zuvor und nie danach. New York City – *Steel and glass, steel and glass – Mm, mm, mm, mm.*

2) George Gershwin, Rhapsody in Blue, 1924

„Wie banal, schwach und konventionell …; wie kitschig und flach die Harmonien. … Tränen für diese Leblosigkeit in Melodie und Harmonie: Alt, schal und ausdruckslos." Nicolas Slonimsky im *New York Herald Tribune*. Lässt sich grandioser irren?

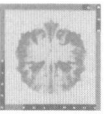
3) Grandbrothers, Open, 2017

Warm & elektronisch, streng & verspielt, intellektuell & berührend, atonal & rhythmisch schleicht sich der Sound vibrierend ins Ohr und setzt sich fest in Kopf & Bauch. Urban Sound & Vision auf der Höhe der Zeit.

4) Goran Bregović, Underground, 1995

Land oder Stadt, Folklore oder Punk, weltlich oder sakral – oder alles zusammen? So verrückt wie der gesamte nach Identität suchende Balkan. Kein Klischee wird ausgelassen und doch ist alles so echt, wie es nur sein kann. Weinen – Lachen – Bregović.

5) Buena Vista Social Club, 1997

„Ich saß nachmittags im Haus und putzte Schuhe, da kam jemand. – Was machst du grade? – Ich putze Schuhe. – Wir wollen, dass du für uns singst! – Ich bin zu alt zum Singen. – Doch, doch, wir brauchen dich. – Morgen? – Nein, sofort. – Da hab ich mir schnell die Schuhcreme aus dem Gesicht gewischt und bin in die Egrem-Studios." *Ibrahim Ferrer*

6) Bob Marley, Burnin', 1973

Ska schnell gespielt & gut tanzbar; Volksmusik (inklusive afrikanischer Elemente), das Ganze radikal abgebremst … klingt bescheuert und sagt nichts über die Magie des magischen Reggae, den selbst *Eric Clapton* nicht kleinbekommt. Sound erfunden in den Slums von *Kingston*: verzweifelt, leidenschaftlich und voller Hoffnung.

7) Ideal, Ideal, 1980

Aufmüpfig, weiblich und sehr, sehr, sehr West-Berlin. „Oranienstraße, hier lebt der Koran, | dahinten fängt die Mauer an. | Mariannenplatz rot verschrien, | ich fühl' mich gut, ich steh' auf Berlin!"

8) The Clash, London Calling, 1979

Krieg, Hunger, Flut, Nuklearunfälle: *Joe Strummers* und *Mick Jones* Hilferuf – eine dystopische Hymne. Tanzbar.

9) David Bowie, Heros, 1977

„Da ist eine Mauer neben dem Studio. … Ein Geschützturm thront auf der Mauer, in dem die Wachposten sitzen, und jeden Mittag trafen sich ein Junge und ein Mädchen darunter. Sie hatten eine Affäre. … Von all den Orten, an denen man sich in Berlin treffen kann, warum sucht man sich da ausgerechnet eine Bank unter einem Wachturm an der Mauer aus?" *David Bowie*

10) Psy, Gangnam Style, 2012

„Der große Bruder hat den Gangnam Style!" Das verschwenderische Leben im Luxusbezirk Gangnam und die Bemühungen der Menschen, diesen Stil zu imitieren, karikiert der Sänger Psy. Das bislang erfolgreichste Youtube-Video. Angeklickt bis Anfang 2020: über 3,5 Milliarden Mal.

Lange konkurriert der Begriff *Stadt* mit dem Begriff *Burg*. Dieser Zusammenhang reflektiert das mittelalterliche Stadtbild und -verständnis, grenzt es ab vom Dorf und verweist zugleich auf die *Antike*. Damit verkörpert die Stadt im *Mittelalter* Sicherheit, einen der ältesten und höchsten Werte in einer oft feindlichen Umwelt. Erst im späten *Mittelalter* trennen sich die Begriffsbedeutungen, und die *Stadt* ersetzt die *Burg* – begrifflich und real.

Zusammengefasst kombiniert der deutsche Stadtbegriff eine quantitative Hauptbedeutung, *Größe* (Einwohnerzahl) und *Dichte*, mit Funktionen und Themen. Bei den Funktionen stehen die *Zentralfunktion* und die *Einheit* im Vordergrund, zu den Themen zählen die *Verwaltung*, die *Wirtschaft*, die *Kultur* und das *Recht*. Der Bürgerbegriff, der die griechische *Polis* kennzeichnet, ein Stück weit noch die lateinische *civitas* und nur noch formal das spanische *ciudad*, fehlt im Deutschen, wie auch im Englischen und Französischen. Betont das Französische stattdessen den städtischen Lebensstil und das Englische die Bedeutung, ist im Deutschen der Rechtsstatus das auffälligste Merkmal der Stadt.

8. Stadt ist Zentrum (Russisch)

Zwei Hauptbedeutungen bietet das russische город/gorod: *Größe* und *Knoten* bzw. *Zentrum*. Um als Stadt gelten zu können, muss die Bevölkerungszahl mindestens bei 12.000 Menschen liegen, und 85 Prozent der Einwohner dürfen *nicht* in der Landwirtschaft beschäftigt sein. Zentralfunktion bedeutet Mittelpunkt eines Bezirkes, Oblasts oder Kreises für Handel, Industrie, Kultur und Politik.

Die Zentrumsfunktion für ein Land übt die *Hauptstadt* aus. Deren Status ist mit Sicherheits- und Machtfunktionen verknüpft, bis ins 19. Jahrhundert mit der *Stadtmauer*, eine weltweit anzutreffende Form, die das Innen vom Außen trennt. Auf diese Grundfigur verweisen zahlreiche etymologisch verwandte Wörter der slawischen Sprachfamilie. Bei den Ostslawen haben Städte ihren Ursprung in befestigten Siedlungen, und der Terminus город bedeutet umzäunter Raum. „Die mittelalterliche Stadt in Russland war ein befestigtes, von einem Wall umschlossenes Gebiet, das unterscheidet sie vom Dorf.“[53] Damit ist die Stadt formal eine befestigte Siedlung. Der Wall trennt nicht nur die Stadt vom Umland; er definiert auch eine *Einheit* mit einer Binnengliederung. Meist bestehen altrussische Städte aus der inneren Stadt, dem *Kreml*, und der *posad* genannten äußeren Stadt, wo die Handwerker und Händler arbeiten und wohnen.

Zusammengefasst ist die markanteste Bedeutung des russischen Stadtbegriffs seine *Zentrums-* oder *Knotenfunktion*, angesichts der Dimension des Landes gut verständlich. Hinzu kommt die *Größe* (Einwohnerzahl), wobei der russische Stadtbegriff wie der japanische eine im internationalen Vergleich hohe Mindestgröße festlegt und nichtlandwirtschaftliche, arbeitsteilige Tätig-

---

53 Tichomirov, Mikhail Nikolaevich (1956), Mittelalterliche russische Städte. „Drevnerusskie goroda“. 2. überarbeitete und vervollständigte Auflage. Moskau.

keiten anführt, wiederum differenziert in *Politik* (Administration), *Wirtschaft* (Industrie und Handel) sowie *Kultur*.

9. Stadt ist Zivilisation (Arabisch)

مَدِينة | Madina leitet sich ab aus dem Wort Zivilisation المَدِينيّة und meint eine Ansammlung von Menschen in zentralisierten, abgegrenzten und mit Verkehrswegen ausgestatteten Siedlungen außerhalb der Wüste, die eine eigene Verwaltungs- und Versorgungsstruktur aufweisen.

Zivilisation wird im Arabischen mit zwei Worten benannt: *al-Hadara* und *al-Madaniyya*. *Al-Hadara* bezeichnet die sesshafte Bevölkerung – im Unterschied zu Nomaden. *Al-Madaniyya* wiederum leitet sich ab von *Madina* – Stadt. Ein dritter Begriff für Zivilisation wird im *Mittelalter* verwendet: *al-Umran*.

Auch hier ergibt sich die unmittelbare Verbindung zur Stadt, denn das Wort bedeutet: „bewohnen, bauen, errichten, bevölkert sein, kultiviert sein".[54] Die Gegensätze Stadt und Land, sesshafte Stadtbevölkerung und Nomaden sind im arabischen Stadtbegriff besonders ausgeprägt. Zugespitzt lässt sich der Dualismus formulieren: Stadt = Zivilisation, Land = Wüste. Enthalten sind im arabischen Stadtbegriff fünf Hauptbedeutungen:

1) *Größe:* Der Begriff „Ansammlung" beinhaltet eine nicht genau bezifferte, sondern sich im Verhältnis zu anderen Einheiten ergebende Größe: مَدِينة *(Madina),* im Plural مُدُن = Stadt, Städte; بَلْدة *(Balada),* im Plural; بِلاد = Ort, Ortschaft, *Kleinstadt* bzw. Orte, Ortschaften, Kleinstädte; بَلَد *(Balad),* im Plural بُلْدان, = Ort, Land, Staat bzw. Orte, Länder, Staaten.
2) *Strukturen:* Das Strukturverständnis bezieht sich auf die Verwaltung und die politischen Funktionen sowie die Infrastrukturelemente.
3) *Einheit:* Die „Abgegrenztheit" qualifiziert die Stadt als Einheit.
4) *Zentrum:* Verknüpft mit der Qualifizierung als Einheit ist die Funktion der Stadt als Zentrum.
5) *Zivilisation:* Die fünfte Bedeutung ist am auffälligsten. Sie erinnert an vergleichbare Inhalte im Lateinischen, Französischen und Japanischen.

---

54 Schregle, Götz (1999), Wörterbuch Deutsch-Arabisch. Wiesbaden, S. 1126–1127.

Eine besondere Bedeutung hat das Wort Stadt in der islamischen Welt durch die Stadt
Medina (المدينة | المدينة المنوّرة/*al-Madīna al-munawwara*) im heutigen Saudi-Arabien. Sie ist
die zweitwichtigste heilige Stadt des Islam nach *Mekka*, der Geburtsstadt des Propheten
Mohammed. Medina wörtlich übersetzt bedeutet „die erleuchtete Stadt" oder „Stadt des
Lichtes". Diese Bezeichnung würdigt die Auswanderung (هجرة/*Hidschra*) des Propheten im
Jahr 622 von Mekka nach Medina, die den Beginn der islamischen Zeitrechnung markiert.
Der sich in der Folgezeit ausbreitende Islam knüpft an die den arabischen Raum bis dahin
prägende hellenistisch-römische Tradition an und ersetzt sie durch eine neue Struktur. Vor
allem im Osten und Westen entstehen in den eroberten Gebieten neue Städte wie *Kairuan*,
Rabat, *Fes* oder *Kairo* und später eine Kette von Städten, die von Spanien (*Cordoba*)
über Nordafrika, den Vorderen Orient und Mittelasien bis nach Indien reicht. Im 10. und
11. Jahrhundert sind die großen Städte der islamischen Länder die bevölkerungsreichsten
der westlichen Hemisphäre. *Bagdad* und *Kairo* zählen mit über 250.000 Einwohnern zu
den größten Städten der damaligen Welt. *Aleppo*, *Damaskus* und *Tunis* haben beachtliche
50.000–100.000 Einwohner.

Zusammengefasst ist Stadt im Arabischen eine große, strukturierte Einheit, eine
Errungenschaft der Zivilisation. Das erinnert an *Aristoteles'* Sicht auf die Stadt
als die Form, die das „gute Leben" ermöglicht.

10. Stadt ist Wohlstand (Hindi)

Ohne die Sprachenvielfalt Indiens hier würdigen zu können, konzentrieren sich
die folgenden Anmerkungen auf eine der wichtigsten Sprachen des Subkonti-
nents: Hindi. *Nagar* und *schahar* heißt Stadt in dieser Sprache und meint ein
Gebiet, in dem eine Besiedlung stattgefunden hat, wobei die „Anzahl der Einwohner gestiegen ... und wohlhabend geworden ist".[55] Damit sind drei Merkmale benannt: *Bevölkerungszahl*, *Wachstum* und *Wohlstand*. Wichtig ist der
implizite Hinweis auf die *Größe* (Einwohner), verbunden mit dem Hinweis auf
Wachstum. Darin enthalten ist eine entwicklungstheoretische These, die eine
Entwicklung vom Dorf zur Stadt annimmt. Diese These baut auf die Chance, den
Wohlstand zu steigern. Auch hier ist die Stadt ein Werkzeug. Auf eine Formel
gebracht: Stadt = Wohlstand.

---

55 Vidal, Denis; Gupta, Narayani (1999), Northern India, City Words. Working Paper No. 4.
Urban vocabulary in Northern India. Unesco. Gatzlaff-Hälsig, Margot (1993), Grammati-
scher Leitfaden des Hindi. Leipzig, Berlin, München, Wien, Zürich, New York, S. 684. Shar-
ma, Aryendra; Vermeer, Hans J. (1987), Hindi-Deutsches Wörterbuch, S. 935, 1292, 1436
und 1537. Monier-Williams, Monier; Cappeller, Carl; Leumann, Ernst (2005), Sanskrit-
English dictionary. Etymologically and philologically arranged with special reference to
cognate indo-european languages. New ed. greatly enl. and impr. Giessen, New Delhi,
Chennai, S. 525.

Tabelle 8: Stadtbegriffe in Hindi

NAGAR	SCHAHAR	MAHANAGAR
… (weibl.: *nagari*) stammt aus dem Sanskrit und bezeichnet im indischen Epos „Mahabharata" eine Stadt. Dort wird die Hauptstadt *Viratnagar,* (heute *Bairat*) erwähnt. Um Größe und Bedeutung zu betonen, wird *nagar* häufig mit dem Präfix *maha* (महा/*mahā*) (groß, gewaltig, mächtig, bedeutend, prominent, ehrwürdig) versehen. Vergleichbar dem Englischen ist Stadt mit Bedeutung verknüpft, im Sinne eines bedeutenden Ortes.	… ist das persische Wort für Stadt und ein Synonym für *nagar* und *pur.* Die Vielzahl persischer und arabischer Wörter im *Hindi* und *Urdu* geht auf das fast 300-jährige Bestehen des *Mogulreichs* auf dem indischen Subkontinent (1526–1858) zurück, dessen offizielle Staatssprache Persisch ist.	… meint mächtige, große und bedeutende Stadt (*Großstadt, Metropole*). Neben Größe (implizit *Vielfalt*) steht mit dem Attribut „mächtig" die politische Konnotation im Vordergrund. Das aus dem Sanskrit entlehnte Wort *radschdhani* heißt „Ort des königlichen Wohnsitzes". Hauptstadt *(radschdhani)* ist in historischen Zeiten stets dort, wo der König oder Herrscher *(radsch)* seinen Wohnsitz *(dhani)* hat.

Zusammengefasst charakterisiert der indische Stadtbegriff die Stadt als Werkzeug, um Wohlstand zu erzeugen. Damit wird sowohl die ökonomische Bedeutung als Hauptzweck hervorgehoben als auch die Größe (Bedeutung) und die Nähe zur Herrschaft betont.

11. Stadt ist Wirtschaft (Chinesisch)

Chéng-shì 城市, der Stadtbegriff in *Mandarin,* meint einen „dicht besiedelten Ort, an dem Industrie und Wirtschaft weit entwickelt sind".[56] Danach sind *Größe* und ökonomische *Funktion* die Hauptmerkmale. Um die Bedeutungen genauer zu verstehen, erfordert es einen Blick auf die Schriftzeichen zu werfen. *Chéng-shì* ist ein zweisilbiges Wort, das sich aus folgenden Silben ableitet: Beim *Huìyì*-Zeichen 城 (*chéng*) ergibt sich die Bedeutung aus dem Bild des Zeichens. Der linke Teil (土) meint Erde, der rechte Teil bestimmt die Aussprache. Anfangs steht das Zeichen für *Stadtmauer.* In China gibt es gewöhnlich zweischichtige Systeme, wobei die innere Mauer 城 (*chéng*) und die äußere 郭 (*guo*) heißt. Typisch sind solche Befestigungen für *Residenzstädte*, Grundbesitze und fürstliche Lehensgüter. Die Mauer grenzt die Stadt zudem vom Land ab. Zwar sind Stadtmauern inzwischen meist aufgelassen und wie in *Peking* nur noch als historische Attraktion erhalten, doch das Prinzip des Ein- und Ausschlusses durch Barrieren spielt in chinesischen Städten nach wie vor eine zentrale Rolle.

Für Orte, an denen zahlreiche Menschen zusammenleben, wird das Zeichen 城 (*chéng*) zusammen mit 市 (*shì*) genutzt. *Shì* steht ursprünglich für einen Markt.

---

56 Chinesisch: Deutsch-Chinesisches Wörterbuch, (1983), Shanghai. Cíyuán (1995, 6. Druck, Original 1988), Shanghai, S. 326. Cíhǎi, (1985, 5. Druck, Original 1980), Shanghai, S. 346.

Orte, an denen Menschen Geschäfte machen, und zusammenwohnen, entwickeln sich später zu Wohnzentren, und daraus leitet sich die Bedeutung Stadt ab. Das legt wie im Hindi eine Entwicklung nahe, in der das Dorf zur Stadt wächst. Im modernen Mandarin ist der Unterschied zwischen *chéng* und *shì* kaum noch auszumachen. Beide Zeichen lassen sich etwa an den Namen einer Stadt anfügen. Die Bedeutung ist jeweils gleich. Für die Stadt *Berlin* benutzt das Chinesische entweder 柏林城 *(bólín-chéng)* oder 柏林市 *(bólín-shì)*.

Die *Größe* ist im Mandarin genau definiert. Unterschieden wird zwischen kleineren, mittleren, großen und Riesenstädten, wobei eine kleine Stadt in Europa bereits einer *Großstadt* entspricht.

Zusammengefasst charakterisiert den chinesischen Stadtbegriff seine Konzentration auf die Wirtschaft als Hauptbedeutung. Größe und Dichte sind gleichfalls wichtige Bedeutungsinhalte, und vergleichbar dem Japanischen wird dabei zwischen kleinen, mittleren, großen und Riesenstädten unterschieden.

Tabelle 9: Größendifferenzierung der Stadt in Mandarin

小城市	中小城市	大城市	特大城市
xiao-chéng-shì	*Zhong-xiao-chéng-shì*	*da-chéng-shì*	*te-da-chéng-shì*
kleine Städte	mittlere Städte	große Städte	Riesenstädte
< 200.000 Einwohner	bis 500.000 Einwohner	bis 1 Million Einwohner	über 1 Million Einwohner

12. Stadt ist Knoten (Japanisch)

都市 (*TOSHI*) ist der japanische Begriff für Stadt. Er bedeutet ein „geographisch bestimmbares Bevölkerungszentrum, dessen Kern politische, wirtschaftliche und kulturelle Strukturen bilden". Ganz ähnlich definieren die japanischen Sozialwissenschaften den Begriff: „In der Volksgemeinschaft versteht man unter *TOSHI* solche Ansiedlungen, die durch das Bestehen gesellschaftlicher Knotenpunkte wie Verwaltungseinrichtungen, Schulen, Geschäfte und Büros geprägt

sind und sich von der Einheit Dorf (*SONRAKU*|村落) abgrenzen lassen."[57]
Die Herkunft und Entstehung des Begriffs *TOSHI* erklärt sich aus den beiden
Schriftzeichen (Kanji) für *TO* (都) und *SHI* (市).

Tabelle 10: Stadtbegriffe im Japanischen

to (都) bedeutet, wenn es alleinsteht:	shi (市) bedeutet, wenn es alleinsteht:
– Regierungssitz; – Ort, an dem der Kaiser wohnt, dauerhaft oder vorübergehend; – Ort mit einer Vielzahl von Einwohnern; – Verwaltungseinheit (z. B. 東京都 = *Tokyoto* = Hauptstadt Tokyo) – was den Begriff Einheit einschließt und qualifiziert; – elegant (wohl deshalb, weil damals der Kaiser dort lebte); – regieren, kontrollieren; – alle, alles. Historisch kennzeichnet das Zeichen 都 zudem den Ort, an dem sich ein Mausoleum des verstorbenen Monarchen befindet, sowie den Ort, an dem Menschen zusammenkommen, weil dort ein Mausoleum steht.	– Ort, an dem mit Waren gehandelt wird; – Ort, an dem Menschen und Sachen zusammenkommen; – Einkaufsstraße; – öffentliche Verwaltungskörperschaft im Sinne des Gesetzes über die lokale Selbstverwaltung (地方自治法/*Chihô Jichi-Hô*), die drei Voraussetzungen erfüllt: • mindestens 50.000 Einwohner, • mindestens 60 Prozent der Fläche mit Wohngebäuden bebaut, • mindestens 60 Prozent der Einwohner in Handel und Industrie tätig.

Größe und *Dichte* sind im japanischen Stadtbegriff präzise definiert mit mindestens 50.000 Einwohnern, einer Nutzung der Fläche zu mindestens 60 Prozent durch Wohngebäude sowie einer Tätigkeit der Bevölkerung von gleichfalls mindestens 60 Prozent in Handel und Industrie, also nichtlandwirtschaftlicher Tätigkeit. Die Zahlen erlauben es, eindeutig Städte von Wohnsiedlungen, Industriegebieten oder sehr großen Dörfern zu unterscheiden. Insofern ist der japanische Stadtbegriff einer der genauesten. Weitere Merkmale ergänzen die Größe. So muss es sich bei einer Siedlung um eine öffentliche Verwaltungskörperschaft handeln, was ein gewisses Maß an *Autonomie* bedeutet, und es ist eine Funktionsmischung, also *Vielfalt* erforderlich.

Stadt bedeutet demnach ein differenziertes Zusammenspiel von Akteuren und Strukturen. Sie leiten sich ab aus den unterschiedlichen Funktionen der *Politik* (Regierungs- und Verwaltungssitz, Residenz), der *Wirtschaft* (Produktion, Handelsort, Einkaufsstraße, -viertel, -quartier) und der *Kultur* (Bewahrung der Vergangenheit – Mausoleum – und das Feiern von Festen).

Insgesamt fallen am japanischen Stadtbegriff seine Vieldeutigkeit und Genauigkeit auf sowie die Betonung des städtischen Lebensstils, den sonst nur das Lateinische und Französische so klar benennen. Das unterscheidet ihn z. B. vom Russischen, das zwar auch die Zentrumsfunktion hervorhebt, allerdings in einem machtpolitischen, steuernden Sinn.

---

57 Kojien Nr. 4/Shinmura (1991), Tokyo, S. 1846 und 2474. Kurasawa, Susumu (1985), Die japanische Sozialwissenschaft, Buch 7. Die Stadt, Kapitel 8: Einführungsaufsatz zum städtischen Lebensstil. Tokio, S. 96.

13. Die Gene der Stadt

Rund 20 wissenschaftliche Fächer, neun Expertinnen und Experten sowie ein Dutzend Sprachen – welches Bild ergibt sich aus ihrer Analyse? Die Bedeutung des Wortes Stadt in zwölf Sprachen zeigt eine Vielfalt von Inhalten ebenso wie die Erkenntnisse der Disziplinen und Expertinnen und Experten. Die Unterschiede bei den Sprachen sind regional und kulturell bedingt. Sie sind allerdings weder beliebig noch bedeutungslos, sondern führen über die bisherigen Ergebnisse hinaus.[58] Die in die jeweiligen Sprachen eingeschriebenen Bedeutungen lassen mindestens fünf gemeinsame Merkmale erkennen. Vier davon finden sich in allen Sprachen, und sie beschreiben die Stadt als Form. Es lässt sich also sagen, dass eine Stadt verstanden werden kann als eine Form, die sich von anderen unterscheidet. Diese besondere Form bilden die Rahmenbedingungen, innerhalb derer die Menschen handeln. Nehmen wir diese Aussage unter die Lupe.

Größe, Dichte, Verdichtung

Die *Größe* ist in den meisten Stadtbegriffen ebenso verankert wie in allen Disziplinen sowie bei allen Expertinnen und Experten. Eine Ausnahme ist *Aristoteles*. Er betont die Funktion und unterstellt, dass von einer größeren Siedlung die Rede ist. Ähnlich ist es im *Lateinischen* und *Französischen*, wo die Größe nicht direkt als Inhalt verankert ist, aber vorausgesetzt wird.

Meist bedeutet Größe Zahl der Einwohner. Im *Russischen*, *Chinesischen* und *Japanischen* ist sie sogar beziffert. Interessant sind das Russische und Japanische, sie argumentieren mit einer Untergrenze. Gelegentlich wird Größe auch als Fläche oder Raum verstanden oder eine nicht weiter bezifferte, aber hohe Zahl an Gebäuden angeführt. Einwohner und Raum verweisen auf eine Kernbedeutung der Stadt, die *Dichte*. Im *Spanischen*, *Deutschen*, Chinesischen und Japanischen zählt sie ausdrücklich zu den Bedeutungsinhalten und im Deutschen sogar – besonders präzise – als *Verdichtung* und stellt nicht nur eine Momentaufnahme dar. Zusammengefasst: *Stadt ist Verdichtung*.

Vielfalt und Heterogenität

Vielfalt ist der zweite Begriff, den der Vergleich erbringt. Er gibt sich in allen Sprachen aus dem Kontext und ist im *Französischen* ausdrücklich genannt. In erster Linie ist damit – im Unterschied zum Land – die Vielfalt einer arbeitsteiligen Gesellschaft gemeint, sie ist also funktional und sozial begründet. Dieses Merkmal der Stadt führen auch alle Disziplinen sowie alle Wissenschaftlerinnen und Wissenschaftler an. Werden *Verdichtung* und *Heterogenität* zusammengenommen, so bedeutet Stadt eine *heterogene Verdichtung*.

---

58   Prell, Uwe (2016), Theorie der Stadt in der Moderne. Kreative Verdichtung. Opladen, Berlin, Toronto, S. 40–111.

Einheit

Stadt ist eine *Einheit* – das ist das dritte Merkmal. In fast allen Sprachen wird es genannt, nur im *Englischen* und in *Hindi* ergibt es sich aus anderen Merkmalen. Während alle Disziplinen dieses Merkmal ebenfalls anführen, gilt dies nicht für alle Expertinnen und Experten. Für einige spielt es bei ihren Betrachtungen keine Rolle oder wird als selbstverständlich vorausgesetzt. *Jürgen Friedrichs* Argumentation lässt sich sogar als Gegenposition lesen. In zahlreichen Sprachen wird der Begriff präzisiert und meist politisch als *Verwaltungseinheit* verstanden, so im *Griechischen, Lateinischen, Spanischen, Deutschen, Russischen, Chinesischen, Japanischen* und *Arabischen*. Stadt ist demnach ein politisches, geographisches, ökonomisches oder gesellschaftliches Gebilde, das sich von anderen Einheiten unterscheidet. Politologisch und soziologisch lässt sich Stadt auch als *Institution* verstehen, was sie mit anderen Institutionen vergleichbar macht. Gleich welche Betrachtung bevorzugt wird, mit dem Wort Einheit verbunden sind die Begriffe *Status* sowie *Bedeutung,* insbesondere im *Englischen* und im *Deutschen*, aber auch in *Hindi*. Stadt ist so gesehen eine *Einheit* mit einem eigenen *(Rechts-)Status* und einer eigenen *Bedeutung*. Nimmt man diese drei Merkmale zusammen, ist Stadt als eine *verdichtete, heterogene Einheit* zu verstehen.

Struktur

Das vierte Merkmal nennen alle untersuchten Sprachen als Bedeutungsinhalt, alle Disziplinen und auch alle Expertinnen und Experten sehen dies so. Der sehr offene Begriff wird jedoch erst anschaulich durch seine Anwendung. Wird Stadt etwa als *Verwaltungseinheit* betrachtet, bedeutet das ein Netz horizontaler und vertikaler politischer Strukturen. Wer die *Knoten-*, besser *Zentrumsfunktion* hervorhebt, interessiert sich für die Beziehung zum Umland. Beides ist immer noch abstrakt. Verständlich wird der Begriff Struktur, wenn er sich auf die *Infrastruktur* und auf einzelne Elemente bezieht wie die *Stadtmauer, Straßen* oder *Plätze*. Werden die vier bisher genannten Bedeutungen gebündelt, so meint Stadt eine *verdichtete, heterogene, strukturierte Einheit*. – Was ist bis hierher gewonnen?

Bedingungen des Handelns in der Stadt

Verdichtung, Vielfalt, Einheit und *Struktur* – keiner der Begriffe reicht weder für sich genommen noch in Kombination aus, um Stadt trennscharf zu fassen. Eine große Einheit muss keine Stadt sein. Eine verdichtete Einheit kann auch ein Flüchtlingslager sein. Nach diesem Muster lassen sich alle Kombinationen testen – sie genügen nicht für eine aussagekräftige Deutung, weil das Typische der Stadt nicht kenntlich wird. Was die vier Begriffe aber beschreiben, ist eine klar umrissene Form. Wenn wir Stadt als eine verdichtete, heterogene, strukturierte Einheit verstehen, sind die Rahmenbedingungen einer Form genannt, innerhalb derer die Menschen handeln. Das gilt für das Handeln Einzelner wie für die Gesellschaft. Daraus ergibt sich: *Stadt ist Handeln einer verdichteten Menge verschiedener Menschen in einer besonders strukturierten Einheit.* Damit ist etwas über die Bedingungen gesagt, unter denen Menschen in der Stadt handeln, aber noch nichts darüber, wie sie tatsächlich handeln. Hier kommt das fünfte Merkmal ins Spiel.

Das Handeln in der Stadt

In die verschiedenen Sprachen haben sich unterschiedliche Bedeutungen eingeschrieben. Sie stehen für regionale Erfahrungen und kulturelle Errungenschaften:

Tabelle 11: Spezifische Bedeutungsinhalte

SPRACHE	SPEZIFISCHER BEDEUTUNGSINHALT – STADT IST ...
Ägyptisch	... verdichtete Infrastruktur
Griechisch	... (Bürger-)Politik
Latein	... (Macht-)Politik
Spanisch	... strukturierte Verdichtung
Französisch	... ein eigener Lebensstil
Englisch	... eine Form von besonderer Bedeutung und Funktion
Deutsch	... Recht
Russisch	... ein Zentrum
Arabisch	... Zivilisation
Hindi	... Wohlstand
Chinesisch	... Wirtschaft
Japanisch	... ein Knoten und ein besonderer Lebensstil

Eine Gemeinsamkeit ergibt sich erst, wenn wir uns an den Ausgangspunkt erinnern: Auf welche Frage ist die Stadt eine Antwort? Jetzt erkennen wir, dass alle Begriffe eine bestimmte Art des Handelns beschreiben. Wir wissen somit nicht nur etwas über die Stadt als Form, die die Rahmenbedingungen städtischen Handelns festlegt, wir wissen auch etwas über das städtische Handeln selbst.

Das führt auf das Feld der Theorien des Handelns. Der Ansatz des Soziologen *Hans Joas* hilft hier weiter.[59] Er sieht jegliches Handeln als *kreativ*. Ohne seine Theorie zu vertiefen, ist dies eine sehr weite Auslegung. Wenn jegliches Handeln kreativ ist, wird der Begriff beliebig. Deshalb ist es notwendig, kreati-

---

59 Joas, Hans (1996, Original 1992), Die Kreativität des Handelns. Frankfurt a. M., S. 15.

ves Handeln vom Alltagshandeln zu unterscheiden. Alltägliches Handeln muss *zeitnah* und *effizient* sein wie das routinemäßige Einkaufen, zur Arbeit-Gehen usw. Für kreatives Handeln genügt dies nicht. Es kommt zum Zug, wenn Alltagshandeln nicht reicht. Kreativ ist Handeln dann, wenn es *neue, innovative,* überraschende Lösungen findet und eine *wegweisende Methode* etabliert.

Tabelle 12: Handeln[60]

Kriterium	Bedeutung
KREATIVES HANDELN	
neu, innovativ	neu meint erst seit kürzester Zeit ge- oder erfunden; kann auch die Kombination von Bekanntem bedeuten; innovativ lässt sich als fortschrittlich verstehen, z. B. die geplante und kontrollierte Verbesserung eines Produktes, eines sozialen Systems usw.; das erklärt auch den Unterschied zu neu, denn nicht alles, was neu ist, ist auch innovativ
überraschend	unerwartete Antwort, wenn Standardantworten nicht greifen; wichtig: das motivierende Moment des Unerwarteten, Verblüffenden
wegweisend	meint, dass eine überraschende, innovative Handlung das bisherige Handeln verändert und eine neue Methode als Standard etabliert
ALLTAGSHANDELN	
zeitnah	… ein eigener Lebensstil
effizient	… eine Form von besonderer Bedeutung und Funktion

Werden die in die Sprachen eingeschriebenen Erfahrungen als Ergebnis kreativen Handels verstanden, ist eine neue Sicht möglich. Kreativität spielt hierbei eine wichtige Rolle. Das heißt aber nicht, dass Handeln in der Stadt per se kreativ ist oder kreativer als auf dem Land. Der Unterschied besteht darin, dass kreatives Handeln unter den Bedingungen der Verdichtung zu Ergebnissen führt, die nur die Stadt kennzeichnen. Mit anderen Worten: *Stadt ist eine strukturierte, Vielfalt einschließende Einheit kreativer Verdichtung.* Zur Prüfung des Wertes dieser Erkenntnisse, ist das Feld der Theorie zu verlassen. Um die Realität zu verstehen, ist nichts praktischer als eine gute Theorie. Zeit für den Stresstest in der Praxis.

---

60 In der Regel ist der Begriff Kreativität positiv belegt, doch die Zahl zerstörerischer Handlungen, die beanspruchen können, kreativ zu sein, ist beachtlich. Insofern bleiben die Stadt und das mit ihr verbundene Handeln so zwiespältig wie das menschliche Handeln überall.

IV. PRAXIS

A. Die Fokussierung des Blicks

Wer die Auseinandersetzung mit Städten verfolgt, stößt durchweg auf zwei Debatten: Tagtäglich beschäftigen uns jene überall diskutierten Dauerbrenner: die Arbeit, die Gesundheit, das Wohnen und die entsprechenden Preise, der Verkehr, die Infrastruktur – analog und digital –, die Kultur, der Sport und so weiter. Ständig wird auf allen Kanälen gesendet, die entsprechenden Äußerungen bilden das Grundrauschen in der Auseinandersetzung mit der Stadt, meist mit der, in der man lebt.

Der Goldstandard der Debatten sind jedoch die Auseinandersetzungen um Stadtbegriffe, Stadtkonzepte und Stadttypen. Sie erscheinen nicht ganz so häufig, wenn sie aber eine Diskussion entfachen, ist diese oft heftig. Nur ein Beispiel: Welcher Bürgermeister würde heute nicht seinen letzten Cent investieren, damit seine Stadt zur angesehenen *Smart City* wird? Stadttypen bilden eine Ebene, die zwischen der Stadt als Ganzem und den Einzelthemen vermittelt. Sie reduzieren die Komplexität und bieten Orientierung, indem sie Ordnung schaffen. Deshalb ist Klarheit und Urteilsfähigkeit in diesem Feld besonders wichtig. Dabei sind natürlich Interessen im Spiel, die sich oft nicht sofort erschließen. Wichtig sind sie aufgrund ihrer Wirkkraft dennoch.

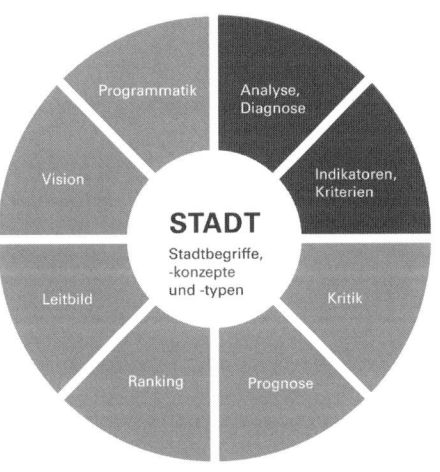

Abbildung 6: Funktionen von Stadttypen

Setzen sie sich durch, aktivieren sie eine Stadtgesellschaft für lange Zeit in eine bestimmte Richtung. Die *autogerechte Stadt* ist das vielleicht einflussreichste Beispiel des 20. Jahrhunderts.

Unübersichtlich wird die Situation dadurch, dass die Forschung ebenso wie die Wirtschaft und die Politik in beachtlichem Tempo immer wieder neue Begriffe, Konzepte und Typen auf den Markt werfen. Um Klarheit zu schaffen, ist es erforderlich, ihre Substanz zu prüfen. Dies geschieht in drei Schritten:

1) Zunächst fragen wir nach der Funktion eines Stadttyps. Damit lässt sich das Feld klären, in dem er spielt und – mindestens so wichtig – welche Felder

nicht bespielt sind. So lassen sich die mit einem Stadttyp verbundenen Ziele und Interessen identifizieren.

Einen guten Überblick über die Funktionen bietet eines der aktuellen Handbücher zum Thema.[61] In der Einleitung nennen die Autorinnen und Autoren acht Felder *(Abbildung 6)*. Dieses Raster eignet sich auch dazu, den im theoretischen Teil entwickelten Stadtbegriff zu verorten. Er spielt vor allem in zwei Feldern, in dem er *Indikatoren* und *Kriterien* für *Analysen* und *Diagnosen* herausarbeitet. Eine solche Sicht will relevante Realität erfassen, während *Programmatiken*, *Leitbilder* und *Visionen* ebenso nur am Rand interessieren wie *Rankings*, *Prognosen* oder eine *Kritik* der Stadt. Nach diesem Verfahren werden im Folgenden eine Reihe ausgewählter Stadttypen geprüft.

2) Im theoretischen Teil haben wir den Begriff Stadt als *kreative verdichtete Vielfalt in einer strukturierten Einheit* definiert. Der zweite Schritt prüft, inwieweit Stadttypen diese Merkmale berücksichtigen und wie sie zusammenspielen. Daraus lässt sich auch ablesen, ob die Betonung eines Merkmals auf Kosten eines anderen geht und was daraus folgt.

3) Der dritte Schritt: Stadttypen geben Antworten auf Fragen. Die wiederum werden nicht immer klar formuliert. Deshalb versuchen wir das zum Abschluss.

Tabelle 13: Funktionen, Form und Inhalt

FUNKTIONEN	
Analyse und Diagnose | Indikatoren und Kriterien	
MERKMALE	
FORM charakterisiert die Bedingungen des Handelns in der Stadt	INHALT charakterisiert das Handeln in der Stadt
– Struktur – Vielfalt – Einheit – Verdichtung	– Kreativität • kreatives Handeln: neu & innovativ, überraschend, methodisch wegweisend • Alltagshandeln: zeitnah & effizient

Nach der Zwischenebene folgt ein Blick auf einige zentrale Stadtthemen. Sich auf Themen zu konzentrieren, schärft den Blick, engt ihn aber auch ein. Wer z. B. nur auf die Umwelt schaut, vernachlässigt möglicherweise die Ökonomie – und umgekehrt. Wer das Digitale zum Maßstab allen Handelns macht, ist vielleicht technologisch up to date, hängt aber jenen Teil der Bevölkerung ab, der diese Kulturtechnik nicht beherrscht oder ablehnt. Das nötigt zwar vielen nicht mehr als ein Schulterzucken ab, den Preis für die Folgekosten zahlen aber auch sie. Wer wiederum eine bestimmte Technologie am liebsten ganz ab-

---

61　Rink, Dieter; Haase, Annegret (Hrsg.) (2018), Handbuch Stadtkonzepte. Analysen, Diagnosen, Kritiken und Visionen. Opladen, Toronto, S. 12.

schaffen oder gar verbieten würde, vergibt Chancen. Wer schließlich – um ein drittes Beispiel zu bringen – nur die Sicherheit im Auge hat, schnürt die Freiheit möglicherweise so stark ein, sodass nichts bleibt, was es zu schützen lohnt. Wer umgekehrt das Thema Sicherheit auf die leichte Schulter nimmt, darf sich nicht wundern, wenn er selbst zum Opfer wird.

Kurz: Wir betrachten für die Stadt – und nicht nur für die Stadt – wichtige Themen. Dabei versuchen wir ihre Logik zu erkennen und zu prüfen, was diese Themen mit der Stadt machen und umgekehrt, welchen Einfluss die Stadt auf sie ausübt. Die im theoretischen Teil entwickelte Sicht dient auch hier als Leitlinie. Beginnen wir mit der Zwischenebene.

B. Stadtbegriffe, Stadtkonzepte und Stadttypen

Stadtbegriffe, -konzepte und -typen stehen hoch im Kurs. Zeitweise drängt sich der Eindruck auf, dass sie wie an der Börse gehandelt werden und je nach Konjunktur die Kurse steigen oder fallen. Bei der Vielzahl der Werte ist ein vollständiger Überblick kaum möglich, und noch schwerer ist es, sie zu beurteilen. Die hier präsentierte Stichprobe gründet auf folgenden Gedanken:

Eine der wichtigsten Entwicklungen ist das Wachstum der Städte. Das betrifft sowohl die Zahl als auch die Größe der Städte. Gibt es im Jahr 100 n. Chr. nur eine Stadt mit einer Million Einwohner, *Rom*, so erreicht im Jahr 1000 ebenfalls nur eine Stadt diese Größe, *Ankor Wat* in *Kambodscha*. Mit der Industrialisierung im 19. Jahrhundert steigt die Zahl der Millionenstädte auf vier, am Ende des Jahrhunderts, auf ein Dutzend. 2020 umfasst die Liste der Millionenstädte genau 500.[62] Ihre Spitze bildet die *Megacity*. Ihr gilt der erste Blick. Eng damit verwandt, aber nicht identisch ist ein neuer Stadttyp – die *Global City*. Sie haben eine Reichweite, die mit nichts vergleichbar ist. Der Sog der weltweit alle Lebensbereiche durchdringenden, dem Wettbewerb folgenden Ökonomisierung erfasst natürlich auch kleinere Städte. Das Konzept, an dem sie sich orientieren, ist die *Neoliberale Stadt*.

Steuern Global Cities die Weltwirtschaft, so gibt es in der Politik nichts, was diesem Stadttyp ebenbürtig ist. Immer noch vergleichsweise mächtig ist einer der ältesten *Stadttypen*: die *Hauptstadt*.

Auf ein anderes globales und wichtiges Thema antwortet die *Arrival City*. Sie ist die erste Anlaufstelle für Immigranten der weltweiten Wanderungsströme. Stimmen die Prognosen, steigt ihre Bedeutung in den nächsten Jahren an.

Unter den zukunftsweisenden Stadttypen steht die *Smart City* am höchsten im Kurs. Dieses Konzept will Ökonomie und Umweltschutz mit technologischen Innovationen in Einklang bringen.

Wo es Gewinner gibt, gibt es auch Verlierer. Sie sind bedroht durch Katastrophen, wie durch die 2019 ausgebrochene Pandemie, oder sie schrumpfen. Schrumpfung gilt gemeinhin als Krise. Bleiben die darin steckenden Chancen

---

62 de.wikipedia.org/wiki/Liste_der_größten_Metropolregionen_der_Welt (23.8.20).

ungenutzt, gerät die Krise zum Desaster. Städte, denen das widerfährt, gehen unter. Der *Virus City*, der *Shrinking City* und der *Lost City* gilt der letzte Blick.

Ziel der knappen Auswahl ist es, einerseits nah am Puls der Zeit wichtige Phänomene der Gegenwart zu behandeln und andererseits eine Methode beispielhaft anzuwenden. Sie prüft die Substanz einzelner Stadttypen so, dass wir nicht nur den Preis kennen, sondern auch ihren Wert.

---

[i] *Methodische Anmerkung*

Zu Beginn ist eine methodische Anmerkung erforderlich. Der vorangegangene Abschnitt hat den Blick auf die Funktion von Stadtbegriffen, -konzepten und -typen gelenkt. Um herauszufinden, auf welche Funktion ein Konzept einzahlt, wird die Funktion nach einem Punktesystem bewertet. Die Vergabe der Punkte beruht auf zum Teil bereits erfolgten und eigenen Analysen wie folgt:

- ••• Der Stadtbegriff, das -konzept oder der -typ zahlt voll und ganz ein auf eine Funktion.
- •• Die Funktion ist ausgeprägt.
- • Die Funktion ist erkennbar.
- – Die Funktion ist nicht erkennbar.

---

1. Megacity

Gegenwärtig ist die Megacity die größte urbane Einheit. Über fast den gesamten Zeitraum der Menschheitsgeschichte leben die Menschen auf dem Land. Erst seit noch nicht einmal 7.000 Jahren wohnt ein zunächst sehr geringer Anteil von ihnen in Städten. Noch Mitte des 20. Jahrhunderts liegt er bei einem Drittel, bevor er in der zweiten Hälfte des 20. Jahrhunderts eine einmalige Wucht und in weniger als zwei Generationen einen historischen Umkipppunkt erreicht. 2007 halten sich Stadt- und Landbevölkerung für einen historischen Augenblick genau die Waage. Dies ist vorerst nur eine Zwischenstation, die Verstädterung setzt sich fort, und die Megacity markiert die Spitze dieser Entwicklung.

Wann eine Stadt zur Megacity wird, darüber ist sich die Forschung nicht ganz einig. Ab fünf Millionen Einwohnern gelten Städte zumindest als *emerging Megacities* und spätestens ab zehn Millionen als ausgeprägte Megacities. Aktuell haben 29 Agglomerationen über zehn und 73 über fünf Millionen Einwohner.[63]

---

63 Kabisch, Sigrun; Kraas, Frauke (2018), Megastadt. In: Rink, Dieter; Haase, Annegret (Hrsg.), S. 216. Weitere Zahlen: de.statista.com/statistik/daten/studie/1694/umfrage/entwicklung-der-welt-bevoelkerungszahl/ (23.8.20). Zahlen zur Stadt: bpb.de/nachschlagen/zahlen-und-fakten/globalisierung/52705/verstaedterung (23.8.20).

Tabelle 14: Entwicklung der Weltbevölkerung und der Stadtbevölkerung

| | JAHR | BEVÖLKERUNG | | |
		WELT IN MRD.	STÄDTE IN MRD.	ANTEIL STÄDTE
v. Chr.	75000	1.000–10.000 über-leben die Toba-Katastrophe		
	10000	0,004		
n. Chr.	0	0,170–0,400		
	500	0,190		
	1000	0,310		
	1500	0,5000		
	1815	1,000		
	1950	2,540	0,750	29,6%
	1960	3,030	1,020	33,7%
	1970	3,700	1,350	36,5%
	2000	6,140	2,860	46,6%
	2007	6,670	3,340	50,0%
	2015	7,380	3,960	54,0%

Schritt 1: Was für eine Stadt ist die Megacity?

Mit Blick auf die Funktionen sind erste Aussagen möglich. Im Unterschied und in scharfem Kontrast etwa zur *Smart City* ist die Megacity weder *Leitbild* noch Ergebnis einer *Programmatik;* und eine *Vision* verkörpert sie schon gar nicht. Sie ist vielmehr eine knallharte und höchst verwirrende Realität. Der Begriff der Megacity eignet sich dementsprechend für *Analysen* und *Diagnosen*, ferner für *Prognosen* und je nach Fragestellung auch für *Kritik*.

Tabelle 15: Funktionen der Megacity

Analyse, Diagnose	Indikatoren, Kriterien	Kritik	Prognose	Ranking	Leitbild	Vision	Programm-matik
•••	–	•	••	–	–	–	–

Schritt 2: Was kennzeichnet die Megacity?

Über die Merkmale dieses Stadttyps gibt es jenseits der Bevölkerungszahl keine herrschende Meinung. *Tabelle 16* listet einige der am häufigsten genannten Merkmale auf.[64] Schärfer wird das Bild im Abgleich mit den Merkmalen, die jede Stadt charakterisieren. In erster Linie ist hier die *Verdichtung* zu nennen. Stark ausgeprägte Merkmale sind ferner *Vielfalt* und *kreatives Handeln*.

Tabelle 16: Kennzeichen der Megacity

1)	Einwohnerzahl über 5 bzw. 10 Millionen
2)	hohe Bevölkerungsdichte
3)	intensive Veränderungsdynamik
4)	demographischer Wandel in Richtung Wachstum und Verjüngung
5)	hohes Sozialgefälle und sozialräumlich hochdifferenzierte Lebensbedingungen
6)	ausgeprägte Infrastrukturdefizite
7)	begrenzte Steuerungsfähigkeit

Die Vielfalt kommt in den Definitionen der Fachliteratur seltsamerweise nur indirekt vor, meist durch Betonung der intensiven „Veränderungsdynamik" oder der Verjüngung. Insgesamt konzentrieren sich die Beschreibungen auf die Bedingungen des Handelns. Das Handeln selbst benennt die Fachliteratur meist in Form von Beispielen. Das betrifft sowohl das Alltagshandeln als auch die kreativen Lösungen. Zu einem analytisch scharfen Verständnis bündeln sich die Beispiele allerdings nicht. Dabei sind gerade sie in den Megacities unübersehbar und bei genauerer Betrachtung vielfach verblüffend, auch wenn sie oft nicht den landläufigen Vorstellungen von kreativem Handeln entsprechen. Dabei sind gerade die Beispiele in den Megacities unübersehbar und bei genauerer Betrachtung vielfach verblüffend, auch wenn sie oft nicht den landläufigen Vorstellungen von kreativem Handeln entsprechen.

Eine Form des Handelns wird mit Blick auf die ärmeren Megacities durchweg genannt: die *Informalität*. Gemeint ist jener Teil der städtischen Wirtschaft, den die offizielle Statistik nicht erfasst und dementsprechend nicht besteuert. Damit sind sowohl kriminelle Aktivitäten gemeint als auch von der legalen Wirtschaft ausgeschlossene Menschen, denen in den Megacities des Südens kaum andere Möglichkeiten bleiben. Wissenschaftlich ausgedrückt: „Als Selbsthilfe

---

64 Bronger, Dirk (2004), Metropolen, Megastädte, Global Cities. Die Metropolisierung der Erde. Darmstadt, S. 31–35. Bronger hat eindrucksvoll am Beispiel des Begriffs „Metropole" die „Babylonische Sprachverwirrung in der deutschen Stadtforschung" aufgelistet, S. 30.

und Selbstorganisation stellt es eine Alternative zur begrenzten Aufnahmekapazität des formellen Sektors dar."[65]

Auffällig sind schließlich zwei Entwicklungspfade, die sich in der Megacity stark ausprägen. Beide sind das Resultat des Handelns sehr verschiedener Bevölkerungsgruppen. So etablieren sich Teile der Megacity als *Ankunftsstadt*, die noch beschrieben wird. Eine weitere Ausprägung ist die gleichfalls noch zu beschreibende Form als *Global City*, bei der die Funktion als Kommandozentrale der Weltwirtschaft im Vordergrund steht.

Die *Infrastruktur* der Megacity lässt sich kaum zusammenfassend charakterisieren. So sind die Unterschiede zwischen Städten, die über umfassende Ressourcen verfügen wie *New York City* oder *Tokio* im Vergleich zu Städten in Indien, Asien, Afrika und Südamerika enorm hoch. Verallgemeinernde Aussagen sind für diesen Stadttyp kaum möglich.

Tabelle 17: Ausprägung der städtischen Merkmale in der Megacity

	Rahmenbedingungen des Handelns			Handeln
Verdichtung	Vielfalt	Infrastruktur	Einheit	Kreativität
•••	••	•	–	••

Nach all dem Gesagten fällt es schwer, Megacities noch als *Einheit* zu verstehen. Allenfalls administrative, wirtschaftliche und vielleicht noch kulturelle Faktoren stützen diese Sicht; hier kommt der Stadtbegriff an seine Grenzen. So ist Megacity vor allem eine quantitative Bezeichnung. Die Größe macht die Millionenstadt zur Megacity – „ein hochkomplexer und hochdynamischer Lebensraum für eine für eine Vielzahl von Menschen", wie Sigrun Kabisch und Frauke Kraas in ihrer fundierten Analyse das ausdrücken, „der ihnen Chancen für ein besseres Leben verspricht, aber auch zahlreiche Risiken birgt".[66]

Schritt 3: Auf welche Frage antwortet die Megacity?

Bis in die 1980er Jahre erscheint die Zukunft der Städte, insbesondere der großen Städte als prekär. Die Kälte von „Steel & Glass" (*John Lennon*) wird zur Metapher einer Lebensform ohne Zukunft. In dieser Phase verlagert sich die Industrieproduktion aus den Städten weg, Menschen verlieren Arbeitsplätze, Kommunen Steuern und Gestaltungsmöglichkeiten, nicht wenige gehen pleite.

Dass dieser Wandel auch Chancen eröffnet, erkennt lange niemand. Zu den Pionieren auf diesem Gebiet zählen die Künste, allen voran *Andy Warhols* legendäre, 1962 gegründete „*Factory*" in *New York City*. Aufgelassene Fabrikhallen nutzt er für unterschiedliche Projekte, als Atelier, Filmstudio, Partylocation

---

65 Kabisch, Sigrun; Kraas, Frauke (2018), S. 226.
66 Ebd., S. 230.

📖 Rühle, Alex (Hrsg.) (2008), Megacities. – Die Zukunft der Städte. München. *Kompakter Einstieg.*

Einen umfassenden thematischen Überblick bieten: Assmann, Ulrike; Born, Lukas; Kochendörfer, Bernd; Pahl-Weber, Elke; Zehner, Carsten (Hrsg.) (2014), Future Megacities. Berlin.

Bd. 1: Energy and Sun

Bd. 2: Mobility and Transportation

Bd. 3: Capacity Development

Bd. 4: Local Action and Participation: Space, Planning, and Design.

Kleer, Jerzy; Nawrot, Katarzyna Anna (2018), The Rise of Megacities. Challenges, Opportunities and Unique Characteristics. London. *Aktuellster, bester und umfassendster Sammelband.*

und Wohnung, kurz: als Experimentierfeld für die kreative Szene. Diese Blaupause erweist sich für fast zwei Dekaden als Vorreiter einer neuen urbanen Kultur, deren Stil die Kreativwirtschaft aufnimmt und ökonomisiert. Dabei wandelt sich die Ökonomie insgesamt von der Produktion in Richtung Dienstleistung. Mit der Öffnung der Finanzmärkte, der *Globalisierung* und *Digitalisierung* gewinnt diese Entwicklung ab den 1990er Jahren eine grundstürzende Kraft. Unerwartet und entgegen jeder Prognose erleben die Städte ein Comeback. Die Kulturavantgarde macht sie attraktiv für neue Formen des Lebens und Wirtschaftens. Diese neuen Formen sollen entsprechendes Publikum anziehen, neue Arbeitsplätze und einen neuen Lebensstil hervorbringen.

Die Deutung dieser Entwicklung als Ab- und Wiederaufstieg ist die einfache Version dieser Geschichte. Der Vorgang ist jedoch komplizierter. Zwar entstehen durch diesen Wandel hochqualifizierte Arbeitsplätze, aber eben auch eine erhebliche Zahl marginaler Jobs, gering entlohnt, oft illegal und unversteuert. Dies ist vor allem in der *Global City* ausgeprägt. Verkörpern solche Jobs aus Sicht der Mittelschicht deren Abstiegsängste, sind sie für Immigranten, die in ihren Heimatländern unter schlechteren Bedingungen leben, vielleicht nicht der Inbegriff ihrer Träume, aber doch eine Verheißung, die den Aufbruch lohnt.

Dieser doppelte Prozess erklärt das ungeheure Wachstum der Städte in den letzten Jahrzehnten, die dabei wie ein Magnet wirken. Insofern ist die Megacity die Antwort auf das Versprechen, sich von der neuen Ökonomie einen Anteil sichern zu können. Dass dieses Versprechen sich nicht für alle erfüllt, ändert daran ebenso wenig wie die Tatsache, dass die Städte kaum noch in der Lage sind, die Folgen dieser Entwicklung zu steuern.

2. Global City

Nicht jede Megacity ist zwingend eine Global City. Letztere ist anhand von *Saskia Sassens* titelgebendem Buch schon behandelt (Kapitel III.B.7.), und somit ist keine weitere Charakterisierung erforderlich. Kommen wir deshalb gleich zu den Funktionen. Genutzt wird der Begriff *Global City* meist für *Analysen* und *Diagnosen* der urbanen *Globalisierung* mit genauen *Indikatoren* und *Kriterien*. Darüber hinaus eignet sich der Begriff für die Erstellung von *Rankings*. Daraus wiederum lassen sich *Leitbilder* und *Programmatiken* sowie in gewissem Umfang auch *Prognosen* ableiten, was gleichfalls angewandt wird.

Tabelle 18: Funktionen der Global City

Analyse, Diagnose	Indikatoren, Kriterien	Kritik	Prognose	Ranking	Leitbild	Vision	Programmatik
•••	••	–	•	•••	••	•	••

Die jede Stadt kennzeichnenden Merkmale sind in diesem Stadttyp extrem verteilt. *Verdichtung* und *Vielfalt* interessieren nur insoweit sie die Hauptfunktionen unterstützen. Hochspezialisierte Teile der Infrastruktur, etwa für die globale Finanzwirtschaft, sind hingegen so ausgeprägt wie nirgends sonst. Das geht einher mit einem auf bestimmte Fertigkeiten spezialisierten, *kreativen* Handeln. Anders verhält es sich mit der *Einheit*. Sie spielt bei der Global City keine Rolle, dieses Merkmal steht den wichtigsten Funktionen dieses Stadttyps sogar entgegen.

Die Bündelung globaler Steuerungsfunktionen auf engem Raum, etwa von wichtiger Institutionen der Finanzwirtschaft, wie Bankzentralen und transnationalen Konzernen, zieht die Ansiedelung entsprechender Dienstleistungen in unmittelbarer Nähe nach sich. Dazu zählen Rechts-, Finanz- und Unternehmensberater, Werbeagenturen, Buchführungs- und Prüfungsfirmen sowie hochwertige Kultur- und Erholungseinrichtungen. Hinzu kommt schließlich eine Vielzahl einfacher Dienstleistungen wie Kuriere, Reinigungskräfte und Sicherheitsleute.

Kennzeichnet die Konzentration auf die Finanzen noch die 1990er Jahre, so ist die Steuerungsfunktion inzwischen über diesen Sektor hinausgewachsen auf die weltweit arbeitsteilige Industrieproduktion. Selbst auf das Feld der Kultur haben sich die Steuerungsfunktionen inzwischen ausgeweitet.

Die globale Steuerungsfunktion hat noch eine Folge. Dieser Stadttyp bezieht sich nicht mehr allein auf die Region oder den Nationalstaat, dem er angehört, sondern er muss „unter den Bedingungen der *Globalisierung* als Teil eines weltweiten Städtesystems analysiert werden".[67] Meist blicken solche Analysen auf einfach zu ermittelnde Faktoren, etwa die *Unternehmenszentralen* in einer Stadt. Daraus wiederum lassen sich Rankings ableiten, ein weltweit verbreitetes und einfach zu verstehendes Messinstrument. Diese Einfachheit erklärt seine Popularität, und sie macht es leicht, aus dem Rang einer Stadt Programme abzuleiten.

Tabelle 19: Ausprägung der städtischen Merkmale in der Global City

Rahmenbedingungen des Handelns				Handeln
Verdichtung	Vielfalt	Infrastruktur	Einheit	Kreativität
•	•	•••	–	•••

---

67   Krätke, Stefan (2018). In: Rink, Dieter; Haase, Annegret (Hrsg.) (2018), S. 129.

Eine weitere Folge der Ausprägung einer Stadt zur Global City, ist ihre Aufspaltung. Natürlich erleben Städte aus sehr verschiedenen Gründen gesellschaftliche Differenzierungen. Der Unterschied zur Global City besteht darin, dass sie solche Unterschiede braucht, um zu funktionieren. Mit Blick auf die betroffenen Bevölkerungskreise und im Jargon der Sozialwissenschaften heißt dies, dass sie „zwischen ‚transnationalisierten' Segmenten der Stadtbevölkerung – d. h. jenen Einwohnern, die multiple und kontinuierliche soziale Beziehungen über nationalstaatliche Grenzen hinweg unterhalten – und den *nicht* in transnationale Sozialbeziehungen eingebundenen Stadtbewohnern unterscheiden".[68] Mit anderen Worten: Die hochspezialisierten Experten einer Branche in *Shanghai* und New York sind sich durch ihren Job und ihre Lebensweise oft einander näher als dem Tischler um die Ecke – sofern dieser überhaupt eine Chance hat, dort zu überleben. Diese Entwicklung ist schon ausführlich beschrieben worden. Beispielhaft dafür stehen die *Dual City* oder *Divided City*.

📖 Ljungkvist, Kristin (2016), The Global City 2.0. From strategic site to global actor. London, New York City. *Gute theoretische Aufarbeitung und empirische Anwendung am Beispiel von New York City.*

Scott, Alen J. (2001), Global City-Regions. Trends, Theory, Policy. Oxford. *Fundierter Sammelband hochkarätiger Autoren.*

Die *Global City* ist somit das Phänomen einer weltweit agierenden und zunehmend digital vernetzten, an Effizienz und Rentabilität orientierten Ökonomie. Sie bietet transnationalen Unternehmen eine Plattform. Gelten zunächst *New York City*, *London* und *Tokio* als Global Cities, so hat sich inzwischen ein breites Spektrum mit einer Vielzahl von Untertypen ausgebildet.

Zahlreiche Städte, die noch vor einer Generation eine hervorragende Position im jeweiligen nationalen System einnehmen, verlieren bei dieser Entwicklung an Bedeutung. Dies betrifft zunächst Industriereviere wie das *Ruhrgebiet*, ferner Hafenstädte wie *Marseille* oder Millionenstädte wie *Lagos*. Zur gleichen Zeit entwickeln sich Städte wie *Singapur*, *Hongkong*, *Seoul* und *Manila* zu aufstrebenden Subzentren, indem sie sich auf die direkte Steuerung transnationaler Produktionsnetzwerke spezialisieren. So sind die Global Cities – wie einige transnationale Konzerne – zu Playern in den *Internationalen Beziehungen* geworden, die weitaus einflussreicher sind als ein Großteil der Staaten.

---

68 Krätke, Stefan (2018), S. 133.
69 Krätke, Stefan (2018), S. 143. Zur Dual und Devided City: Rast, Joel (2019), The Origins of the Dual City: Housing, Race & Redevelopment in Twentieth-Century Chicago. Chicago. Singh, Binti; Sethi, Mahendra (2018), The Divided City: Ideological and Policy Contestations in Contemporary Urban India. Singapore

Charakterisiert die Megacity die Größe und die Global City ihre ökonomische Rolle, so prägen den nächsten Stadttyp politische Funktionen.

3. Hauptstadt

Die Zahl der Hauptstädte ist überschaubar und dennoch nicht zweifelsfrei zu beziffern. 195 Staaten sind Mitglied der UNO, wobei *Palästina* und *Vatikanstadt* einen Sonderstatus haben. All diese Staaten verfügen über mindestens eine Hauptstadt. Weitere zehn Staaten werden derzeit nicht von der UNO aufgenommen, da andere Länder sie nicht anerkennen. Einige Staaten haben ihren Regierungssitz nicht in der Hauptstadt angesiedelt. Dazu zählt die *Niederlande* mit *Amsterdam* als Hauptstadt, während *Regierung* und *König* in *Den Haag* residieren. Es gibt sogar Länder, die formell gar keine Hauptstadt haben, so die *Schweiz*, wo *Bern* zwar als *Bundesstadt* gilt, de jure aber keine Hauptstadt ist. Noch ein besonderer Fall: *Liechtenstein* verfügt nicht einmal über eine Stadt. Das hilfsweise stets genannte *Vaduz* hat die Stadtrechte nie erhalten, erfüllt die Funktion einer Hauptstadt aber dennoch.

All diese Fakten sind gut verfügbar, und mit den entsprechenden Tabellen lassen sich spannende Konstellationen erstellen.[70] Als Beispiel werden hier die fünf größten und die fünf kleinsten Hauptstädte in *Tabelle 20* genannt.

Tabelle 20: Top-5-Hauptstädte

DIE FÜNF GRÖSSTEN …			DIE FÜNF KLEINSTEN …		
STADT	LAND	EW.	STADT	LAND	EW.
Peking	China	21.730.000	San Marino	San Marino	4.036
Tokio	Japan	13.159.400	St. Lucia	Castriws	3.662
Kinshasa	D. Vr. Kongo	11.575.000	Vatikanstadt	Vatikanstadt	750
Moskau	Russland	11.514.300	Nauru	Yaren	750
Seoul	Korea	9.794.300	Palau	Ngerkmud	277

Die Fleißarbeit, die Zahl der Hauptstädte aller Gliedstaaten, etwa der Bundesländer oder Bundesstaaten, weltweit zu ermitteln, hat bisher wohl niemand auf sich genommen. Es dürfte sich um eine Zahl handeln, die bei einigen Tausend liegt. Angesichts einer Gesamtzahl von einigen Zehntausend Städten mit über 100.000 Einwohnern weltweit lässt sich gegenwärtig sicher nur sagen, dass Hauptstädte einen Bruchteil aller Städte ausmachen. Die Hauptstadt ist ein seltener und exklusiver Stadttyp.

---

70 de.wikipedia.org/wiki/Hauptstadt#Von_der_Hauptstadt_abweichender_Regierungssitz (23.8.20).

Schritt 1: Was für eine Stadt ist die Hauptstadt?

Von der Hauptstadt aus wird ein gesamtes *Land*, ein *Teilstaat* oder eine *Region* regiert. In den meisten Fällen ist sie Sitz der wichtigsten Verfassungs-, Regierungs- und weiteren Steuerungsorgane wie Behörden. Neben den administrativen Ansprüchen sind damit repräsentative Ansprüche verbunden, gelegentlich sogar Visionen. Sie gehen nur selten von der Stadt selbst aus, sondern meist vom Staat, der in der Hauptstadt sein Selbstverständnis durch Anlage und Bauten ausdrückt.

Beim Blick auf die Felder, in denen dieser Stadttyp anzusiedeln ist, lassen sich *Analyse* und *Diagnose* ebenso ausschließen wie *Rankings*. Zwar gibt es in Einzelfällen durchaus einen Wettbewerb zwischen einzelnen Hauptstädten um die Pracht der Repräsentation, doch die Unterschiede sind so enorm, dass Vergleiche wenig sinnvoll erscheinen.

Indikatoren und *Kriterien* spielen bei Hauptstädten aufgrund ihrer Funktion durchaus eine Rolle. Damit das Staatsoberhaupt, die Regierung und ihre Administrationen sowie das oberste Gericht ihre Aufgaben erfüllen können, sind entsprechendes Fachpersonal, Gebäude sowie die analoge und digitale *Infrastruktur* erforderlich. Zudem benötigen die Mitarbeiterinnen und Mitarbeiter Wohnungen sowie Versorgungs- und Freizeiteinrichtungen.

Tabelle 21: Funktionen der Hauptstadt

Analyse, Diagnose	Indikatoren, Kriterien	Kritik	Prognose	Ranking	Leitbild	Vision	Programmatik
–	••	•	•	–	••	•	••

Wichtig ist schließlich die Funktion der Hauptstadt als *Leitbild*. Oft damit verbunden sind *Programmatiken*, auch wenn sie pauschal lediglich vage unter dem Begriff der Repräsentation zu fassen sind. Nur noch selten verkörpern Hauptstädte gegenwärtig *Visionen*. Das Vertrauen in das gebaute Selbstverständnis einer Gesellschaft scheint ebenso abzunehmen wie die Ausgestaltung einer Hauptstadt als Versprechen für die Zukunft. Beides ist zum einen Zeugnis überkommener Vorstellungen oder deutlich reduzierter Ansprüche, zum anderen scheint es in Zeiten der *Globalisierung* kaum noch Staatsentwürfe zu geben, die nach visionärer baulicher Gestaltung von Hauptstädten verlangen oder diese angesichts der dynamischen Entwicklungen in allen Bereichen gar ermöglichen.

Eines der wenigen Beispiele ist die Umgestaltung *Berlins* als Hauptstadt des vereinigten Deutschland. Hier sind Bauten der Vorgängerstaaten reaktiviert worden, wie das Reichstagsgebäude als Sitz des Parlaments, ergänzt um moderne Gebäude wie das Bundeskanzleramt. Mit dem Stadtzentrum weiß dieses Land jedoch nicht viel anzufangen, setzt auf Musealisierung und rekonstruiert auf dem alten Stadtgrundriss mit einem modernen Bau das überkommene Stadtschloss. Von Vision kann keine Rede sein. So konzentriert sich der Gestaltungswille aktuell auf andere Themen. Drei Beispiele:

- In *Mekka* entsteht um die *Kabba*, dem religiösen Zentrum des Islam, ein gigantischer Komplex für Wallfahrten.
- In *Dubai* entsteht ein futuristisch-visionärer Komplex für Business und Freizeit. Im Umkreis von 40 Kilometern stehen mit dem „Burj Khalifa" (828 Meter) das höchste Gebäude der Welt sowie weitere 47 Bauten mit einer Höhe von über 250 Metern. Derzeit ist ein Hochhaus im Bau, das die 1.000-Meter-Marke überschreiten soll.
- In der Hauptstadt der *Elfenbeinküste*, in der Stadt *Yamoussoukro*, wird 1985–1988 die Basilika Notre-Dame-de-la-Paix errichtet, eine stark an den Petersdom im Vatikan angelehnte Kirche.

In allen Fällen wird die Stadt zum *Gegenstand* und zur *Plattform* von sakralen oder ökonomischen Ideen.

Noch zwei Themen gewinnen künftig an Bedeutung: Epidemien und Pandemien sowie der Klimawandel. Erstere haben 2020 Städte weltweit in einem nie gekannten Umfang lahmgelegt und den Hauptstädten neue Arbeitsweisen aufgezwungen. Eine Gefahr, die jederzeit wiederkehren kann.

Auch der Klimawandel bedroht Hauptstädte, wie etwa das *indonesische Jakarta*. 2019 verkündet die Regierung des Landes, dass sie die bisherige, jährlich um ca. 25 cm sinkende Hauptstadt verlassen wird. Die neue Hauptstadt soll auf der Insel *Borneo* in Ostkalimantan entstehen. Zumindest den im ersten Satz der entsprechenden Erklärung formulierten Anspruch hätten Herrscher des 18. und 19. Jahrhunderts nicht viel anders ausgedrückt: „Eine Hauptstadt ist nicht nur ein Symbol nationaler Identität, sondern sie repräsentiert auch den Fortschritt einer Nation. Dieser Schritt verwirklicht wirtschaftliche Gleichheit und Gerechtigkeit."[71]

Kirsch, Jens (2005), Hauptstadt – Zum Wesen und Wandel eines nationalen Symbols. Münster.

Schultz, Uwe (Hrsg.), Die Hauptstädte der Deutschen. Von der Kaiserpfalz in Aachen zum Regierungssitz in Berlin. München. *Umfassender Überblick namhafter Autoren.*

Menasse, Robert (2018), Die Hauptstadt. Roman. Berlin. *Informativer Roman über die EU-Hauptstadt Brüssel.*

---

71 tagesschau.de/ausland/indonesien-341.html (23.8.20).

Tabelle 22: Planhauptstädte[72]

	KARLSRUHE	GERMANIA	BRASILIA
Zeit	1715	1937–43	1891 | 1922 | ab1956
Land	Deutschland	Deutschland	Brasilien
Anspruch	„Wie ein Stern gebaut, … klar und lichtvoll wie eine Regel, … als ob ein geordneter Verstand uns anspräche." *Heinrich von Kleist*	„Berlin wird als Welthauptstadt nur mit dem alten Ägypten, Babylon oder Rom vergleichbar sein!" *Adolf Hitler*	„Was mich anzieht, ist die freie und sinnliche Kurve, die ich in den Bergen meines Landes finde, im mäandernden Lauf seiner Flüsse, in den Wolken des Himmels, im Leib der geliebten Frau." *Oscar Niemeyer*
Abb. 7–9			
Realisierung	Vom Schloss geht ein Kranz mit 32 Schneisen („Strahlen der Sonne") aus. Prägend ist die klassizistische Gestaltung durch *Friedrich Weinbrenner*, beeinflusst durch die *Antike* und deren preußische, vor allem berlinische Interpretation.	In Bruchstücken unter Einbeziehung von bereits in der Weimarer Republik geplanten Bauten. Am bekanntesten sind das *Olympiastadion*, der *Flughafen Tempelhof* und das *Reichsluftfahrtministerium* (heute: Finanzministerium).	Moderne Gestaltung 1956–1960. Oscar Niemeyer verantwortet die emblematischen, öffentlichen Bauten. Das Zentrum von Brasilia gilt anfangs als Meisterwerk der Moderne. Insgesamt fehlt Brasilia das pulsierende Leben einer Hauptstadt.
Heute	300.000 Einwohner, zweitgrößte Stadt Baden-Württembergs. Stadtgrundriss und Weinbrenners Gestaltung sind erhalten.	Neben einigen Gebäuden sowie der Ost-West-Achse sind Pläne und Modelle überliefert.	Zählt seit 1987 zum UNESCO-Weltkulturerbe. Inzwischen zeigen sich Spuren des Verfalls.
Kritik | Folgen	*Thomas Jefferson* besucht die Stadt 1788. Seine Begeisterung führt dazu, dass bei der Planung von Washington D.C. auf den Grundriss von Karlsruhe zurückgegriffen wird.	„Meine These ist, dass die Monumentalarchitektur im Inneren der Städte Lagerarchitektur ist. Die Stadt also wird zum Lager, aus dem man jederzeit ausmarschieren kann und in das man zurückkehrt." *Klaus Heinrich*	„Dieses Experiment war nicht erfolgreich." *Oscar Niemeyer*

---

72 Das Kleist-Zitat stammt von: Schenk, Günter (2017), CityTrip Karlsruhe. Karlsruhe, S. 100. Hitler zitiert nach: Werner Jochmann (Hrsg.): Adolf Hitler. Monologe im Führerhauptquartier 1941–1944. München 1980, S. 318. Oscar Niemeyer zitiert nach: Schediwiy, Robert (2004), Städtebilder: Reflexionen zum Wandel in Architektur und Urbanistik. Münster, S. 50; de.wikipedia.org/wiki/Bras%C3%ADlia (25.5.20); Quelle des Zitats von Heinrich: Heinrich, Klaus (2015), S. 186.

Schritt 2: Was kennzeichnet die Hauptstadt?

Hauptstädte sind Orte der Funktion: Erstens müssen sie ein größeres Gebiet, einen Gesamt- oder Gliedstaat, steuern. Zweitens drücken sie das Selbstverständnis des Territoriums aus, das sie repräsentieren. Die dritte Funktion ergibt sich aus der ersten und findet ihren Ausdruck in der zweiten. Gemeint ist, dass die Steuerung eines Territoriums zum einen durch die Standardverwaltung erfolgt und zum anderen durch besondere Programme, Maßnahmen und Projekte. Sie exemplarisch umzusetzen, wird oftmals die Hauptstadt genutzt. In solchen Prozessen wird die Stadt zur *Plattform* der Politik.

Steuerung von Territorien, Symbolisierung des Selbstverständnisses und Plattform sind die wichtigsten drei politischen Funktionen der Hauptstadt. Daneben sind Hauptstädte oftmals auch regionale oder nationale Zentren der Wirtschaft, der Wissenschaft und der Kultur. Dies jedoch ist kein ursprüngliches Merkmal, auch wenn es in den europäischen, meist auf fürstliche oder königliche Residenzen zurückgehenden Hauptstädten fast immer der Fall ist. In zahlreichen Staaten bestehen in dieser Hinsicht historisch gewachsene oder bewusst geförderte Arbeitsteilungen zwischen mehreren Städten.

Klare Prioritäten bringt der Blick auf jene Merkmale, die die Hauptstadt kennzeichnen. Im Mittelpunkt stehen die auf diesen Stadttyp zugeschnittene *Infrastruktur* und das in diesem Rahmen stattfindende *Handeln*.

Verdichtung und *Vielfalt* sind für Hauptstädte nur in Hinsicht auf das Handeln wichtig. Eine vielfältige Aufgaben- und Arbeitsteilung zwischen den verschiedenen Bereichen der Hauptstadt fordert meist lebendige Auseinandersetzungen und kreative Lösungen. Ihre Ergebnisse zu beurteilen, läuft allerdings auf einen Vergleich der Staatssysteme hinaus, denen die Hauptstädte dienen. Das ist ein zweifellos spannendes, mit zahlreichen Werturteilen verbundenes Thema, das jedoch meines Wissens bislang noch nicht systematisch und global untersucht worden ist.

Tabelle 23: Ausprägung der städtischen Merkmale in der Hauptstadt

Rahmenbedingungen des Handelns				Handeln
Verdichtung	Vielfalt	Infrastruktur	Einheit	Kreativität
•	•	•••	••	•••

Ein Blick noch auf das Merkmal *Einheit*. Die hat – über alle Systeme hinweg – für Hauptstädte eine hohe Bedeutung: Global haben sich Systeme durchgesetzt, die mit vier Elementen (Staatsoberhaupt, Regierung, Parlament und Justiz) operieren. Selbst autoritäre Staaten verzichten zumindest nicht auf den Anschein. Auch wenn der Zusammenhang zwischen diesen Elementen sich sehr unterscheidet, so bilden sie doch eine im Idealfall immerhin in der Theorie schlüssige *Einheit.*

Schritt 3: Worauf ist die Hauptstadt eine Antwort?

Die Hauptstadt lässt sich verstehen als Antwort auf die Notwendigkeit, größere Territorien zu steuern. Sie ist die Standardlösung für diese Aufgabe. In dieser Hinsicht sind Hauptstädte eine kreatives Handeln fördernde Infrastruktur.

Abstrakt lässt sich sagen: die Hauptstadt ist die Antwort auf die Erfindung des Raumes und die Notwendigkeit oder den Willen, diesen zu beherrschen – milder gesagt: ihn zu verwalten. Ohne hier auf die lange und kontroverse Debatte der Entstehung der Zivilisation weiter einzugehen, bedeutet das eine räumliche und gesellschaftliche Differenzierung. Dies wiederum erfordert Ausgleich oder Steuerung. Genau das ist die Aufgabe der Hauptstadt, unabhängig davon, welchen Zielen oder Motiven diese Steuerung dient, wie *Michael Mann* das in seiner mehrbändigen „Geschichte der Macht" ausführlich untersucht hat.[73]

Eine Möglichkeit, die Rolle der Hauptstädte besser zu beurteilen, ist es, nach ihrer Nutzung durch das jeweilige Land zu fragen. In der Regel sind sie *Plattform* für den jeweiligen Staat und seine Regierung, um deren Selbstverständnis auszudrücken. Bei Konflikten zwischen Staaten oder Staatssystemen werden Städte gelegentlich zu deren *Gegenstand*. Das kommt zwar nicht sehr oft vor, hat aber stets weitreichende Folgen, wie die Beispiele *Königsberg* nach dem *Ersten Weltkrieg*, *Berlin* im *Kalten Krieg* und *Jerusalem* bis heute zeigen. Dass Hauptstädte selbst zu Akteuren (*Subjekten*) werden, ist hingegen die Ausnahme.

Hauptstädte sind Städte mit einer Zusatzfunktion, die weit über die einer „normalen" Stadt hinausreicht. Eine ganz andere Zusatzfunktion haben Stadttypen, die meist als unangenehme Orte gesehen werden. Die Rede ist von *Slums*, *Ghettos* und anderen vergleichbaren Gebieten. Der Blick auf diese Stadttypen erfolgt in der Regel von einer Mittelschichtperspektive aus. Wie viel diesem Blick entgeht, zeigt die Betrachtung eines der wichtigsten Stadttypen der Gegenwart: der Arrival City.

4. Arrival City

Der kanadisch-britische Journalist *Doug Saunders* untersucht eine der dynamischsten Entwicklungen der Gegenwart: die Einwanderung in Städte. Er rechnet damit, dass wir „gegen Ende des Jahrhunderts eine ganz und gar urbane Spezies sein"[74] werden, und will wissen, wie Einwanderung funktioniert und was sie bewirkt.

Arrival Cities sind für Saunders „die nördlichen Stadtgebiete von *Mumbai*, ... die staubigen Randzonen von *Teheran*, ... die Siedlungen an den Hängen am Stadtrand von *São Paulo* und *Mexiko City*, die brodelnden Wohnblock-Trabantenstädte von *Paris*, *Amsterdam* und *Los Angeles*". Die Rede ist von jenen übli-

---

73 Mann, Michel (1994, Original 1986), Geschichte der Macht. Bd. 1. Von den Anfängen bis zur Griechischen Antike. Frankfurt a. M., New York.
74 Saunders, Doug (2011), Arrival City. München, S. 7 und 9.

cherweise als *Armutsviertel* oder *Slums* bezeichneten Gebieten, in denen sich Einwanderer konzentrieren. An den Menschen, die diese Städte als Ziel wählen, interessieren ihn ihre Motive, ihre Träume und die Art und Weise wie sie ihr Leben organisieren. Die Städte wiederum befragt der Autor danach, wie die Zuwanderung sie verändert und was sie davon haben.

Schritt 1: Was für eine Stadt ist die Arrival City?

Anhand von 28 Beispielen berichtet der Journalist ausführlich über jene für Einwanderer als Sprungbrett zu einem besseren Leben attraktiven Viertel. *Indikatoren* und *Kriterien* liefert er dabei ebenso wenig wie ein *Ranking*, sie ergeben sich allenfalls im Rückschluss. *Kritische Reflexionen* und Erfahrungen über das Handeln einzelner Städte mit dieser Herausforderung bietet er hingegen in großer Fülle. Das erlaubt *Prognosen*. Aus ihnen lassen sich sogar Ansätze für ein *Leitbild* herauslesen, und es ist gegebenenfalls eine *Programmatik* ableitbar. Allem voran aber ist Saunders Konzept ein Instrument der *Analyse* und *Diagnose*.

Tabelle 24: Funktionen der Arrival City

Analyse, Diagnose	Indikatoren, Kriterien	Kritik	Prognose	Ranking	Leitbild	Vision	Programmatik
•••	–	••	•	–	••	–	–

Schritt 2: Was kennzeichnet die Arrival City?

Die durch Einwanderung hervorgerufene *Vielfalt* gewichtet der Autor am höchsten. Saunders bewertet sie weder negativ noch positiv, sondern plädiert dafür, jeden Fall einzeln zu betrachten. Zuwanderung ist überwiegend ein Armutsphänomen. Das Aufeinandertreffen von einheimischer und zugewanderter Bevölkerung verläuft nie konfliktfrei. Durch die ausführliche Beschreibung solcher Konflikte zeigt der Autor, wie unterschiedlich sich die Ankunftsstädte entwickeln. Sind sie anfänglich „ein Ort des Optimismus", so verwandeln sie sich oftmals in Gebiete systemsprengenden Elends.

Die positiven Folgen kommen in der Wahrnehmung jedoch zu kurz. Saunders bringt sie in beachtlicher Zahl in Anschlag, beschreibt beispielsweise *Duravi* in *Mumbai*, *Orgengi* in *Karatchi*, *Ashaiman* in *Gahna* oder *Villa el Salvador* in *Peru* und kommt zu dem Schluss, dass diese Orte, die als improvisierte Landbesetzerenklaven ihren Anfang nahmen, heute erfolgreiche Wirtschaftsräume mit zahlreichen Fabriken und einer erheblichen Wirtschaftsleistung sind.

Die *Infrastruktur* übt hier großen Einfluss auf die Organisation der Vielfalt aus. Interessanterweise folgt Saunders der auf *Robert Ezra Park* zurückgehenden Annahme nicht, dass soziale Beziehungen „unweigerlich mit räumlichen Beziehungen" korrelieren. Stattdessen ist es „genauso gut möglich, sich *innerhalb* der Grenzen der ursprünglichen Ankunftsstadt wirtschaftlich und kulturell

Zu den populärsten Arbeiten zum Thema zählen die Bücher des amerikanischen Soziologen und Historikers Mike Davis. In „Planet of Slums" (2006) führt sein kapitalismuskritischer Ansatz zu einer differenzierten Slumtypologie und einem insgesamt düsteren Bild ohne Hoffnung.

Davis führt reichhaltig und fundiert Fakten an, und dennoch bleibt das Bild eindimensional. Für ihn sind die Slumbewohner Opfer eines Wirtschaftssystems, das seine Verheißungen nur für wenige erfüllen kann. Die einzige Chance, die den Slumbewohnern bleibt, ist die Rebellion.

Hier unterscheidet er sich von Saunders. Dessen Bild ist differenzierter. Saunders zeigt, dass es neben der Rebellion weitere Möglichkeiten des Handelns gibt, die die Lebensverhältnisse zum Besseren verändern.

vollständig zu integrieren ... Es gibt inzwischen genügend wissenschaftliche Belege dafür, dass die ethnische Zusammenballung (,clustering') der effektivste Weg zu sozialer und wirtschaftlicher Integration sein kann".[75] Eine ungewöhnliche Gegenthese zur herrschenden Ansicht, aber sie überzeugt und ist fundiert belegt.

Die *Verdichtung* spielt bei diesem Prozess nicht die entscheidende Rolle. Im Vordergrund stehen die Organisation der Vielfalt und damit verknüpft das Handeln mit oftmals *kreativen* Lösungen. Hervorgehen können sie aus Initiativen der zugewanderten oder der einheimischen Bevölkerung, aus Ideen engagierter Stadtplanerinnen und Stadtplaner, aus Impulsen der Verwaltung oder anderer Gruppen. Aussicht auf Erfolg haben sie dann, wenn es gelingt, die Interessen nachvollziehbar und fair zu vermitteln und attraktive Möglichkeiten zu eröffnen. Solche positiven Entwicklungen wirken wiederum zurück auf die gesamte Stadt. Die interessanteste Erkenntnis, die Saunders aus seinen Beobachtungen herausliest: „Die funktionierende Ankunftsstadt kolonisiert die etablierte Stadt nach und nach", wie auch die gescheiterte Ankunftsstadt womöglich, nachdem es zunächst gärt und brodelt, gewaltsam vordringt. Dadurch wird die Ankunftsstadt zum bedeutenden Ort „des Ringens um (städtische) Staatsbürgerschaft und Umgestaltung in einem städtischen Lebenszusammenhang".

Tabelle 25: Ausprägung der städtischen Merkmale in der Arrival City

Rahmenbedingungen des Handelns				Handeln
Verdichtung	Vielfalt	Infrastruktur	Einheit	Kreativität
••	•••	•	••	••

Schritt 3: Worauf ist die Arrival City eine Antwort?

Die Arrival City verändert Zuwanderer *und* Alteingesessene. Die Richtung der Veränderung ist abhängig von den Möglichkeiten, die Akteure erkennen oder selbst schaffen. „Das wichtigste Paradoxon der Ankunftsstadt ist, dass ihre Bewohner allesamt nicht mehr in der Armutsstadt leben wollen – sie wollen ent-

---

75   Saunders, Doug (2011), Arrival City. München, S. 523. Die Zitate auf der Seite unten: S. 527.

weder so viel Geld verdienen, dass sie mit ihrer Familie und ihren dörflichen Netzwerken wegziehen können, oder sie wollen das Viertel selbst zum Besseren verändern."[76]

Saunders sieht etwas, das andere übersehen. Das macht seine Studie stark. Sie endet mit einer unerwarteten Erkenntnis: Scheint es ursprünglich nur um einige Gebiete der Stadt zu gehen, so wird mit jedem angeführten Beispiel deutlicher, dass es um die ganze Stadt geht. „Die letztgültige mit der Ankunftsstadt verknüpfte Erkenntnis ist, dass sie sich nicht einfach in den Stadtrand eingliedert; sie *wird* die Stadt. Ob das auf kreative oder destruktive Art und Weise geschieht, ist eine Frage des Engagements."

Saunders, Doug (2011), Arrival City. München. *Umfassendste, den gesamten Globus umspannende Erkundung der Ankunftsstadt.*

Davis, Mike (2007, Original 2006), Planet der Slums. Berlin. *Einflussreiche Analyse der Entwicklung der Slums aus linker Perspektive.*

Dickens, Charles (1837–1839), Oliver Twist. Ein Blick in die Slums der Frühindustrialisierung. *Trotz aus heutiger Sicht nachvollziehbarer Einwände der Literaturkritik bietet das Buch eine unvermindert fesselnde Lektüre.*

Die Arrival City ist die urbane Antwort auf die weltweiten Wanderungsbewegungen. Saunders öffnet den Blick dafür, dass sie neben Belastungen auch Chancen bieten. Die erfahrungsgesättigte Untersuchung ist eine der aktuell intelligentesten Analysen, auch wenn der Autor keine eigene Theorie formuliert.

Beginnt die Arrival City mit einem riesigen Problem, für das eine unerwartete Lösung entwickelt wird, so verspricht der nächste Stadttyp noch weitaus mehr. Der Titel verheißt eine alle selig machende Lösung. Ob die *Smart City* diesen Anspruch erfüllt, prüft der nächste Abschnitt.

5. Smart City

Insgesamt 26 Bedeutungen und Synonyme des Begriffs listet einer der gegenwärtig besten Sprachalgorithmen auf.[77] Die Fachliteratur konzentriert sich meist auf fünf oder sechs Bedeutungen, wobei *intelligent, clever, schlau, klug* und *gerissen* oder *geschickt* selten fehlen. Schon diese Zahl macht „deutlich, dass der konzeptionelle Gehalt der smarten Stadt weit und damit unscharf zugleich ist"[78], so *Jens Libbe*, einer der Experten, die das Thema erforscht haben.

(i) *Bedeutungen und Synonyme des Begriffs smart*

gerissen	gewieft	schnell	flott	elegant	geschickt	hervorragend
gewitzt	listig	gewandt	intelligent	pfiffig	adrett	raffiniert
schnittig	schlau	fix	gescheit	rasch	tüchtig	schick
clever	gepflegt	zackig	klug	aufgeweckt		

76 Saunders, Doug (2011), Arrival City. München, S. 525. Ebenso das folgende Zitat.
77 deepl.com/translator#en/de/smart%0A (23.8.20).
78 Libbe, Jens (2018), S. 431. Definition #1 und #2 ebenfalls: Libbe, Jens (2018), S. 432.

Schritt 1: Was für eine Stadt ist die Smart City?

Die Bedeutungsvielfalt des Begriffs ist schillernd, sodass unter Smart City viele unterschiedliche Dinge verstanden werden können. Ein Nachteil für die Wissenschaft, ein Vorteil für das Marketing. In den gängigsten Definitionen kommt dies ebenso zum Ausdruck wie ihr naiv-visionärer Charakter. Libbe führt in seiner Übersicht zwei weit verbreitete Beispiele an, die das Verständnis des Begriffs gut auf den Punkt bringen. Beide Definitionen legen die Frage nahe, weshalb das, was unter einer Smart City verstanden wird, nicht längst selbstverständlich ist.

> [i] *Smart-City-Definition #1*
>
> „We belive a city to be smart when investments in human and social capital and traditional (transport) and modern (ICT) communication infrastructure fuel sustainable economic growth and a high quality of life, with a management of natural resources, through participatory governance."

Die Smart City ist ein seltsames Konzept, besagt es doch nichts anderes, als dass die zuständigen Institutionen letztlich die Arbeit machen sollen, für die sie eingerichtet sind, und dass sie möglichst effizient, ressourcenschonend und unter Verwendung neuester Technologien zusammenarbeiten müssen. Solche Aussagen sind nicht zum ersten Mal formuliert worden. Nur ein Beispiel: Bei der Gestaltung der Stadt für die Zukunft geht es um die „Belebung des Gemeingeistes und des Bürgersinns, die Benutzung der schlafenden und falsch geleiteten Kräfte und zerstreut liegenden Kenntnisse, der Einklang zwischen dem Geist der Nation, ihren Ansichten und Bedürfnissen und denen der Staatsbehörden."[79]

> [i] *Smart-City-Definition #2*
>
> „Smart City bezeichnet demnach eine Stadt, in der systematisch Informations- und Kommunikationstechnologien sowie ressourcenschonende Technologien eingesetzt werden, um den Weg hin zu einer postfossilen Gesellschaft zu beschreiben, den Verbrauch von Ressourcen zu verringern, die Lebensqualität der BürgerInnen und die Wettbewerbsfähigkeit der ansässigen Wirtschaft dauerhaft zu erhöhen – mithin die Zukunftsfähigkeit der Stadt zu verbessern. Dabei werden mindestens die Bereiche Energie, Mobilität, Stadtplanung und Governance berücksichtigt. Elementares Kennzeichen von Smart City ist die Integration und Vernetzung dieser Bereiche. Wesentlich sind dabei eine umfassende Integration sozialer Aspekte der Stadtgesellschaft sowie ein partizipativer Zugang."

Das klingt für zeitgenössische Ohren seltsam, was am Alter des Zitats liegt. Notiert hat den Gedanken *Freiherr vom und zum Stein* 1807 in seiner legendären „Nassauischen Denkschrift". Sie zielt darauf, die „Gefühle für Vaterland, Selbständigkeit und Nationalehre" neu zu beleben. Das ist die große Herausforderung jener Zeit, die sich nach den Napoleonischen Kriegen neu erfinden muss.

Auch hier geht es um die Zukunft – die Zukunft des Staates und die Zukunft der Stadt. Auf nichts anderes zielt die Smart City. Sie beschreibt die Stadt von morgen, liefert ein *Leitbild*, ein *Programm* und eine *Vision*. Um die aktuellen Bemühungen des Stadtumbaus in dieser Richtung zu messen, gibt es bereits

---

79 Freiherr von und zum Stein: lwl.org/westfaelische-geschichte/portal/Internet/finde/langDaten-satz.php?urlID=4655&url_tabelle=tab_quelle (23.8.20). Deakin, Mark; Mora, Luca (2019), Untangling Smart Cities. From Utopian Dreams to Innovation Systems for a Technology-Enabled Urban Sustainability. Amsterdam.

Rankings.[80] *Analyse* und *Kritik* bietet das Konzept nur dann, wenn diese helfen, die Ziele des Konzepts zu begründen. Indem es einen Ansatz für die Zukunft entwickelt, *analysiert* und *kritisiert* das Konzept auch die Gegenwart, ohne dies jedoch auszuformulieren. Das einzig wirklich Neue des Smart-City-Konzeptes ist der Einsatz innovativer Technologien, allen voran die Digitalisierung als „Mastertool".

Tabelle 26: Funktionen der Smart City

Analyse, Diagnose	Indikatoren, Kriterien	Kritik	Prognose	Ranking	Leitbild	Vision	Programmatik
•	–	•	–	••	••	•••	••

Schritt 2: Was kennzeichnet die Smart City?

Der Begriff Smart City überträgt die aktuelle Modernisierungsdebatte auf die Stadt. An ihrem Beispiel spielt sie durch, wie die Gesellschaft von morgen aussehen sollte, könnte und müsste. Zu erwarten wäre dies eigentlich von der *Philosophie*, die in der Frühen Neuzeit zahlreiche Utopien produziert hat. In der Gegenwart allerdings profiliert sich das Fach vorrangig durch Negativ-Utopien. Wirtschaft, Marketing, Politik und Teile der Wissenschaft ist das nicht genug. Sie haben die Leerstelle der Philosophie besetzt und bieten nun ihrerseits positive Visionen. So gesehen handelt es sich bei der Smart City um eine besondere Form der Gesellschaftskritik: Getrieben von dem Gedanken, dass die Gegenwart aktiv so verändert werden muss, verpackt sie ihre Kritik in ein buntes Abziehbild von der Zukunft.

Populär macht den Begriff seine Fähigkeit, eine Vielzahl verwandter Konzepte zu vereinnahmen und zu überwölben. Konzentrieren sich solche Konzepte auf einzelne Aspekte, so ist der Smart-City-Begriff so umfassend und allgemein, dass sie sämtlich unter ihn eingeordnet werden können.

Tabelle 27: Smart City – und verwandte Konzepte

SMART CITY		
Fokus Umwelt	Fokus Werkzeug | Methode	Fokus Wissen
– *Nachhaltige Stadt*	– *Digital City*	– *Intelligent City*
– *Green City*	– *Ubiquitous City*	– *Wired City*
– *Low Carbon City*	*(Datengeschützte Stadt)*	– *Learning City*
– *Clima Adapted City*	– *Informational City*	– *Creative City*
– *Zero Emission City*		– *Cognitive City*
– *Eco City*		– *Knowledge City*

---

80   smart-cities.eu/download/smart_cities_final_report.pdf (23.8.20).

Um die Substanz des Smart-City-Konzepts zu beurteilen, ist der Blick auf die Gewichtung der Merkmale erforderlich, die die Stadt kennzeichnen. Interessant ist, worauf die Smart City wenig Wert legt: Die *Einheit* der Stadt spielt in diesem Konzept keine Rolle. Sie kommt allenfalls indirekt vor, wenn in der jüngeren Debatte die Möglichkeit zur Teilnahme am städtischen Leben für alle oder zumindest möglichst viele Bürger betont wird.

In Verbindung mit der *Digitalisierung* wird dabei deutlich, dass die meisten Vertreter des Konzepts nur auf einen Teil der Stadtbürger zielen. Indem sie die Digitalisierung zur Voraussetzung für eine Teilnahme am städtischen Leben machen, geben sie einen Teil der Stadtbewohner als aktive Bürger auf. Am deutlichsten wird dies, wenn etwa an jene Menschen gedacht wird, die nur schlecht oder gar nicht lesen und schreiben können und die bei Kontakten mit Behörden auf das direkte Gespräch angewiesen sind. Ein Konzept der Stadt, das stark oder sogar ausschließlich auf ein Werkzeug setzt, in diesem Fall auf digitale Lösungen, schließt diese Menschen aus.

> [i] *Stadtbürger und Analphabetismus*
>
> Aktuell zählt die UNESCO weltweit 757 Millionen Analphabeten. Allein in Deutschland liegt die Zahl bei 6,2 Millionen bei einer Einwohnerzahl von 83 Millionen; in der Altersgruppe der 18- bis 64-Jährigen liegt der Anteil bei 12,1 Prozent.[81]

Dies ist nicht als Modernisierungskritik oder gar als Ablehnung der Digitalisierung misszuverstehen. Sie löst zweifellos zahlreiche Probleme. Ein Allheil- und Wundermittel ist sie allerdings nicht, sondern lediglich ein Werkzeug, das Vorzüge und Nachteile hat, wie alle Werkzeuge. Die hier deutlich werdende einseitige Sicht ist die fundamentale Schwäche des Smart-City-Konzeptes. Einerseits beansprucht es, die Stadt der Zukunft zu planen, andererseits vergisst es schon bei der Beschreibung des Ziels einen beachtlichen Teil der Bewohner. Mit anderen Worten: Die Smart City legt auf die Einheit der Stadt keinen Wert.

Eine geringe Rolle spielen im Smart-City-Konzept *Vielfalt* und *Verdichtung*. Wichtig hingegen ist ihm die *Struktur*, insbesondere die *Infrastruktur*. Dass es dabei vor allem die digital vernetzte Infrastruktur im Auge hat, ist bereits klar geworden. Das Ziel dieser Vernetzung ist deutlich formuliert. Es geht um *Effizienz* und – der Begriff wird vielfach benutzt – *Intelligenz*. Im weiteren Sinne sind dabei originelle, es lässt sich auch sagen: kreative Lösungen gesucht. Die meisten Autoren denken dabei an Cluster und interdisziplinäre Zusammenarbeit.

Tabelle 28: Ausprägung der städtischen Merkmale bei der Smart City

Rahmenbedingungen des Handelns				Handeln
Verdichtung	Vielfalt	Infrastruktur	Einheit	Kreativität
–	•	••	–	••

---

81 bpb.de/politik/hintergrund-aktuell/211776/weltalphabetisierungstag (23.8.20).

Getrieben wird das Konzept von einflussreichen Akteuren, „die in technikbasierten Dienstleistungen einen, wenn nicht sogar den zentralen Wachstumsmarkt sehen".[82] Allen voran ist das die globale Kommunikationsindustrie in enger Verbindung mit Teilen der Politik. Dabei stehen auf der einen Seite neue Möglichkeiten der Organisation städtischen Lebens, die auf der anderen Seite mit einer hohen Gewinnorientierung kombiniert sind, die am liebsten das gesamte städtische Leben ökonomisieren möchten. Insofern ist die Smart City die technologisch moderne Variante der *Neoliberalen Stadt*. Wirkmächtig ist dieses Konzept, weil mit dem Label „smart" eine Vielzahl von Initiativen und teils hochbudgetierten Programmen verbunden sind. So fördert allein die EU Städte, die Smart Cities werden wollen, ebenso wie einzelne Staaten.

Deakin, Mark; Mora, Luca (2019), Untangling Smart Cities. From Utopian Dreams to Innovation Systems for a Technology-Enabled Urban Sustainability. Amsterdam. *Derzeit bester Überblick.*

Gassmann, Oliver; Böhm Jonas; Palmié, Maximilian (2018), Smart City. Innovationen für die vernetzte Stadt. Geschäftsmodelle und Management. München. *Umfassender, aber kritikloser Einstieg ins Thema mit Fallbeispielen.*

Sennett, Richard (2012), The Stupefying Smart City. Vortrag. opentranscripts.org/transcript/stupefying-smart-city/ (23.8.20) *Formuliert grundlegende Einwände gegen die Smart City.*

Schritt 3: Worauf ist die Smart City eine Antwort?

Unter dem Strich sind die Grenzen des Konzepts eng und die Widersprüche hoch. Dies ist durch den „dogmatischen Kern bedingt, der dazu führt, dass es nur eingeschränkt zur Lösung von Problemen herangezogen werden kann".[83] Letztlich zielt das Konzept auf die Lösung bestehender und absehbarer Probleme mithilfe neuer Technologien. Das jedoch gilt mehr oder minder immer, sei es zu Freiherr vom und zum Steins Zeiten, bei der Elektrifizierung der Städte im 19. Jahrhundert oder in der Gegenwart. Entkleidet von ihrer Propaganda, kann die *Smart City* zwar helfen, einen Teil der Probleme zu lösen, doch ihre inneren Widersprüche schaffen neue. Dass dabei ein Teil der Bevölkerung schlichtweg auf der Strecke bleibt, wird als Preis des Fortschritts in Kauf genommen.

Das vielleicht größte Manko des Konzepts ist seine Reichweite. Die *Smart City* integriert und kannibalisiert nahezu alle Konzepte auf diesem umfassenden Feld. Dadurch haben bescheidenere, aber auch realistischere Ansätze wie etwa die *Nachhaltige Stadt* kaum noch eine Chance auf Realisierung. Wer will sich schon mit einer ressourcenschonenderen Stadt zufriedengeben, wenn er die Welt retten kann?

Eine der großen Wirkkräfte dieses Konzepts ist die Ökonomie. Nach Ende des *Kalten Krieges* setzt sich eine Form des Wirtschaftens durch, die einerseits

---

82 Libbe, Jens (2018), S. 437. Das Bundesministerium des Inneren, für Bau und Heimat beispielsweise hat 1919 ein mit 750 Millionen Euro dotiertes Förderprogramm ausgeschrieben. bmi.bund.de/DE/themen/bauen-wohnen/stadt-wohnen/stadtentwicklung/smart-cities/smart-cities- node.html (23.8.20).

83 Libbe, Jens (2018), S. 437 und S. 441.

einen bislang nicht gekannten Wohlstand hervorbringt, andererseits aber auch die Ungleichheit und den Verbrauch der Ressourcen auf ein bis dahin nicht gekanntes Niveau steigert. Diese Entwicklung ist eng mit Städten verbunden. Es ist deshalb notwendig, sich ein Stadtkonzept anzusehen, in dem diese Entwicklung im Mittelpunkt steht: die *Neoliberale Stadt*.

6. Neoliberale Stadt

Mit nur wenigen Ausnahmen herrscht seit gut zwei Generationen weltweit eine weitgehende ökonomische Monokultur. Wettbewerb, Wachstum und Gewinn sind ihr Credo. Für Städte, so *Sebastian Schipper*, der dieses Phänomen untersucht hat, „scheint es meist selbstverständlich, dass (sie) sich … in einem globalen Wettbewerb um Unternehmensansiedlungen, Arbeitsplätze und einkommensstarke Haushalte behaupten müssen und ökonomisches Wachstum zu befeuern haben".[84]

Schritt 1: Was für eine Stadt ist die Neoliberale Stadt?

Der ökonomische Wettbewerb steht im Mittelpunkt des inzwischen detailliert ausgearbeiteten Konzepts der *Neoliberalen Stadt*. Dementsprechend wird die Stadt wie ein Unternehmen organisiert. Typisch dafür „sind die absolute Priorisierung von Standortpolitik gegenüber allen anderen Politikoptionen, in diesem Rahmen die Produktion symbolischen Kapitals durch Festivalisierung und Stadtmarketing, weiterhin Privatisierungen und Public-Private-Partnerships, die Umstrukturierung der Verwaltung gemäß marktstimulierenden Formen von *Governance*, ein Rückbau des lokalen Wohlfahrtsstaats sowie verschärfte territoriale Kontrollstrategien gegenüber marginalisierten Gruppen."

Tabelle 29: Funktionen der Neoliberalen Stadt

Analyse, Diagnose	Indikatoren, Kriterien	Kritik	Prognose	Ranking	Leitbild	Vision	Programmatik
–	•	•	•	•	•••	••	••

84 Schipper, Sebastian (2018), Neoliberale Stadt. In: Rink, Dieter; Haase, Annegret (Hrsg.) (2018), S. 259. Das auf dieser Seite folgende Zitat findet sich ebenfalls auf S. 259.

1) Thessaloniki,
Griechenland:

Griechisch
Englisch
Französisch

SELBSTBEWUSST: gelungene Balance von
modern & klassisch, übersichtlich & informativ
thessaloniki.gr/?lang=en

2) Ulm, Deutsch-
land

Englisch
Französisch

GERMANY AT HIS VERY BEST: modern & an-
spruchsvoll, weltoffen & bodenständig
ulm.de/?ref=sharedSp&m=1

3) Adelaide,
Australien
Englisch

SYMPATHISCH: emotionale, warme und persönliche, kommunikative Ansprache
cityofadelaide.com.au

4) Tel-Aviv,
Israel

Hebräisch
Englisch
Arabisch

START-UP: Tel-Aviv präsentiert sich als High-
tech-Start-up, hip, frisch & lebendig.
tel-aviv.gov.il/Pages/HomePage.aspx

5) Montréal,
Kanada

Englisch
Französisch

INNOVATIVER HABITUS: graphisch anspruchs-
voll, jung, animierend & vernetzt
montreal.ca/en/

6) Bratislava,
Slowakei

Slowakisch
Englisch

RAFFINIERT: ästhetisch, jung und strukturiert
mit einer schlauen englischen Variante
bratislava.sk

7) Los Angeles,
USA

Englisch

PROFESSIONELL: dienstleistungsorientiert,
freundlich und verbindlich
lacity.org

8) Shanghai, China

Mandarin
Englisch

BUSINESSTOOL: praxisorientiert, unaufgeregt
und sachlich
shanghai.gov.cn

9) Bogota,
Kolumbien

Spanisch

KOMPETENT: Bogota offeriert sich als sach-
licher Dienstleister.
bogota.gov.co

10) Riga, Lett-
land

Lettisch
Russisch

DIGITAL: Die Vernetzung löst alles, verspricht
jedenfalls die Homepage von Riga.
riga.lv/lv

Für die Unterstützung bei der Recherche danke ich Stefalina Midialkou. Alle Abrufe. 23.08.20

Im Unterschied zum Liberalismus des 19. und 20. Jahrhunderts hat sich der Staat spätestens mit dem Ende des Sozialismus weitgehend aus der Wirtschaft zurückgezogen. Markt- und Wettbewerbslogik sind die maßgeblichen Steuerungsinstrumente. Das heißt nicht, dass der Staat überflüssig ist. Er hat die Rahmenbedingungen für die Intensivierung der Marktmacht durchzusetzen. Tief hat sich dieses Denken ins Handeln der Städte eingeschrieben, und so werden sie zu Organisationen, die endlos im Wettbewerb stehen. In europäischen sowie nord- und südamerikanischen Städten ist diese Ausrichtung stark ausgeprägt, aber auch in Asien, Afrika und Russland folgen fast alle Städte dieser Logik. Die Frage nach der Verortung der *Neoliberalen Stadt* lässt sich klar beantworten. Dieser Stadttyp ist kein Instrument der *Analyse* oder *Diagnose*. *Kritik* spielt dann eine Rolle, wenn sie den Staat als Unternehmer angreift und möglichst beseitigt. So ist das Konzept ein *Leitbild*, nicht selten eine *Vision* mit einer einfachen *Programmatik*. *Rankings*, *Prognosen* sowie *Indikatoren* und *Kriterien* spielen dann eine Rolle, wenn sie die Ausrichtung am Wettbewerb stützen.

Schritt 2: Was kennzeichnet die Neoliberale Stadt?

Vergleichbar der *Smart City* bietet die *Neoliberale Stadt* ein Allheilmittel: die wettbewerbsorientierte Ökonomisierung von allen und allem. Das führt jedoch zu einer Monokultur mit großen Abhängigkeiten. Mit Blick auf die jede Stadt prägenden Merkmale lässt sich feststellen, dass die *Neoliberale Stadt* die *Einheit* nicht benötigt. Im Gegenteil: Dem Prinzip des allumfassenden Wettbewerbs ist die Einheit der Stadt egal, sie läuft ihm in gewisser Weise sogar zuwider. Wer die Stadt als Unternehmen sieht und die Bereiche als Abteilungen, dem sind interner Wettbewerb um Ansehen und Ressourcen vollkommen vertraut. *Vielfalt* und *Verdichtung* sind für einige Branchen hilfreich, aber das Konzept funktioniert im Zweifel auch ohne diese Merkmale. *Kreativität* ist dann wichtig, wenn es sich um die moderne Ausprägung einer *Neoliberalen Stadt* handelt, insbesondere, wenn eine Branche eine „kritische Masse" benötigt, um gewinnorientiert zu funktionieren. Das eindeutig wichtigste Merkmal dieses Stadttyps ist die *Struktur*. Sie ist am unternehmerischen Handeln ausgerichtet. Auszubauen und zu optimieren ist alles, was dem Wettbewerb nützt, etwa Verkehrsverbindungen aller Art, insbesondere Flughäfen, klassische Häfen und vor allem die digitale Infrastruktur.

Mattissek, Annika (2008), Die neoliberale Stadt. Diskursive Repräsentationen im Stadtmarketing deutscher Großstädte. Bielefeld. *Theoretisch fundierte Auseinandersetzung.*

Harvey, David (2007), The Neoliberal City. Video: *youtube.com/watch?v=rfd5kHb-Hc8* (20.5.20). *Bietet eine marxistische Sicht auf das Thema.*

Hackworth, Jason (2007), The Neoliberal City. Governance, Ideology, And Development in Amerivan Urbanism. New York City. *Linke Sicht auf das Thema.*

Tabelle 30: Ausprägung der städtischen Merkmale bei der Neoliberalen Stadt

Rahmenbedingungen des Handelns				Handeln
Verdichtung	Vielfalt	Infrastruktur	Einheit	Kreativität
–	–	••	–	•

Schritt 3: Worauf ist die Neoliberale City eine Antwort?

Im Konzept der *Neoliberalen Stadt* bündeln sich zwei große Entwicklungsströme. Zum ersten fußt der Ansatz auf der großen Familie der wirtschaftsliberalen Ideen. Nach der langen, durch den *Keynesianismus* und die sozialliberale Marktwirtschaft geprägten Nachkriegszeit gewinnt mit dessen Krise der *Neoliberalismus* in den 1970er und 1980er Jahren die Oberhand. Mit dem *Thatcherismus* in Großbritannien und der Öffnung der Finanzmärkte – dem *Big Bang* von 1986 – sowie der *Reaganomics* zur gleichen Zeit in den USA setzen zwei maßgebliche Volkswirtschaften auf dieses Konzept.

ⓘ *Rebound-Effekt*

Dieser Begriff fasst ein Bündel von Effekten zusammen, die auf Beobachtung beruhen, dass die Steigerung von Effizienz nicht zu Einsparungen, sondern zu einer Steigerung des Verbrauchs oder Konsums führt. Beispiel 1: Obwohl der Energieverbrauch pro Quadratzentimeter gesunken ist, nimmt der Gesamtenergieverbrauch durch Fernseher zu, weil diese größer geworden sind. Beispiel 2: Obwohl die Verbrennungsmotoren moderner Autos weniger Sprit verbrauchen, steigt der Gesamtverbrauch, da zum einen die PS-Zahl und zum anderen die Zahl der Fahrten steigt.

Zum zweiten gerät die Stadt in den Sog dieser Entwicklung, und sie wird zu ihrem maßgeblichen *Schauplatz*, an dem sich dieses Konzept manifestiert. Sie wird zudem zum *Gegenstand* und zur *Plattform* dieser Ansätze.

Positiv sind die insgesamt belebte und gewachsene Ökonomie sowie eine Zunahme des in Zahlen gemessenen Wohlstands zu werten. Über dessen vielfach kritisierte Verteilung ist damit noch nichts gesagt. Von diesem Konzept profitieren zweifellos Städte, unter denen *London* heraussticht. Der englischen Hauptstadt ermöglicht diese Orientierung den Aufstieg zur *Global City*. Für andere Städte jedoch folgt aus dieser Politik ein Niedergang. Schlanker Staat, staatlicher Rückzug und Ökonomisierung zahlreicher Felder (vom Arbeitsmarkt bis zur Kultur), Akzeptanz sozialer Ungleichheit, um nur diese drei Punkte aus diesem Konzept zu nennen, produzieren Folgekosten. Zum Teil werden sie erst jetzt sichtbar wie bei der auf Verschleiß gefahrenen *Infrastruktur*. Sie ist in zahlreichen Städten marode, und ihre allmählich beginnende Erneuerung holt erst jetzt die Versäumnisse der letzten Generation nach.

Alles in allem ist die *Neoliberale Stadt* eines der wirkmächtigsten Konzepte der Gegenwart. Sein Zenit jedoch scheint überschritten, denn für den Umgang mit einer Pandemie hat das Konzept ebenso wenig Antworten wie für den Klimawandel. Zwar behauptet der Neoliberalismus, dass der Markt auch das letztgenannte Problem lösen würde, tatsächlich jedoch wird diese seit Jahrzehnten wiederholte Aussagen von allen Fakten widerlegt. Im Umweltschutz etwa hat es zwar Verbesserungen gegeben, doch sie werden regelmäßig aufgefressen durch neues Wachstum und den *Rebound-Effekt*. Wie ernst diese neue Herausforderung des Klimawandels ist, setzt sich erst allmählich im allgemeinen Bewusstsein fest. Dass es aber auch ganz andere Bedrohungen gibt, haben vor 2020 nur wenige Menschen auf dem Schirm.

7. Virus City

Zu sehen ist die Gefahr nicht. Sie ist weder zu hören noch zu riechen, und auch zu ertasten ist sie nicht oder zu schmecken – jedenfalls nicht im Moment der Begegnung. Die Folgen jedoch sind für zahlreiche Menschen tödlich.

Im Dezember 2019 fällt in der chinesischen Stadt *Wuhan* eine Häufung schwerer Lungenentzündungen auf. Zunächst ist die Ursache unklar. Den Verdacht auf eine Infektion mit dem SARS-Virus äußert erstmals der Arzt *Li Wenliang* am 30. Dezember. Fünf Wochen darauf, am 7. Februar 2020, stirbt er an der Erkrankung. Der Name des Verursachers: *SARS-CoV-2*, so die Bezeichnung des Erregers, der die als COVID-19 bezeichnete Krankheit auslöst. Die Geschichte dieser Pandemie werden Medizinhistoriker schreiben müssen, für die Stadt hat sie Folgen, die abschließend zu beurteilen erst in Jahren möglich sein wird. Doch schon jetzt zeichnet sich eine tiefgreifende Veränderung urbanen Lebens ab, und es ist ein neuer Stadttyp entstanden: die Virus City.

Schritt 1: Was für eine Stadt ist die Virus City?

Das alles bestimmende Merkmal dieses Stadttyps ist die Bedrohung der Gesundheit der gesamten Bevölkerung. *Analyse und Diagnose* stehen deshalb im Mittelpunkt. Sie basieren auf von Medizinern vorgegebenen *Indikatoren und Kriterien*. Da der Virus neu ist und es zum Zeitpunkt der Drucklegung keine Impfung gibt, sind diese durchaus unterschiedlich und ihre Deutung Neuland. *Kritik* spielt zwar eine Rolle, ist aber in den ersten Wochen begrenzt. Sie betrifft vor allem die von Expertinnen und Experten empfohlenen und von der Politik umgesetzten Maßnahmen.

Tabelle 31: Funktionen der Virus City

Analyse, Diagnose	Indikatoren, Kriterien	Kritik	Prognose	Ranking	Leitbild	Vision	Programmatik
•••	••	•	•	•	–	••	–

Prognosen sind in solchen Fällen zwar stets gefordert, aber gerade bei Pandemien besonders unsicher. Für Länder und Regionen gibt es im Fall der Pandemie von Beginn an *Rankings*, die infizierte, verstorbene und geheilte Menschen auflisten; und mit Blick auf Städte kann davon ausgegangen werden, dass die Forschung solche noch erstellt. Ein *Leitbild* ist die *Virus City* natürlich ebenso wenig wie ein *Programm*. Die Funktion als *Vision* lässt sich dagegen nicht völlig von der Hand weisen, wenngleich es sich um eine Schreckensvision handelt.

Schritt 2: Was kennzeichnet die Virus City?

Maßgeblich für diesen Stadttyp sind vor allem die Empfehlungen der Virologen, soziale Kontakte auf ein Mindestmaß zu reduzieren, am besten ganz zu vermeiden. Die *Weltgesundheitsorganisation (WHO)* beziffert diesen Abstand auf ein bis zwei Meter, um die Übertragung per Tröpfcheninfektion zu vermeiden. Ziel der Empfehlung ist es nicht, die Krankheit völlig zu vermeiden, sondern ihre Verbreitung so abzuschwächen, dass die Gesundheitssysteme nicht kollabieren. Allein das berührt alle Kernmerkmale der Stadt.

Soziale Kontakte verringern und einen Mindestabstand einhalten, das ist das Gegenteil einer Lebensform, zu deren Kernmerkmalen die *Verdichtung* zählt. Wird sie über eine lange Zeit oder dauerhaft außer Kraft gesetzt, hört die Stadt auf, eine Stadt zu sein. Das gilt auch für die *Vielfalt*. Durch die deutliche Reduzierung, ja teilweise Einstellung des öffentlichen Lebens ist sie zwar noch vorhanden, kommt aber nicht zum Tragen. Beschränkt wird schließlich die *Infrastruktur*; sie reduziert sich Schritt für Schritt auf die als lebensnotwendig erachtete Essenz. Zu erwarten wäre außerdem ein völliger Rückgang der *Kreativität*, stattdessen lassen sich zahlreiche Fälle belegen, in denen Menschen mit originellen Ideen gemeinsam auf die Krise reagiert haben.

Das Merkmal, das die Virus City am stärksten verändert, ist eine neue Form der *Einheit*. Krisen sind Gleichmacher und Spalter zugleich. Zunächst wird die Stadt tatsächlich wieder mehr zu einer Einheit, auch wenn sie den Charakter einer Notgemeinschaft annimmt. Die Angst zu erkranken oder gar zu sterben, die Arbeit zu verlieren, in Not zu geraten sowie Versorgungsengpässe und Schlangen vor Lebensmittelläden – all das macht der Stadtgesellschaft wieder bewusst, dass sie mehr verbindet als der Ort. Zu beobachten sind sowohl die hässlichen Seiten wie „Hamsterkäufe" ebenso wie unerwartete Solidarität. Sie wird zu Beginn der Krise kaum ausgesprochen, ja vielleicht nicht einmal erkannt, aber durchaus praktiziert: „Wir wollen die Schwachen schützen, die Alten, die Vorerkrankten! Die gesundheitlich besonders Gefährdeten also werden eben nicht stigmatisiert und vom Rest der Bevölkerung getrennt. Und nicht einmal die schlimmsten Autokraten ... machen öffentlich eine Rechnung auf, die da lauten

> ⓘ *Expertinnen und Experten*
>
> Selten sind Virologen wie *Melanie Brinkmann* und *Hendrik Streeck* so bekannt und einflussreich wie in der 2019 ausgebrochenen Pandemie. Ihre Empfehlungen werden umgesetzt, ihre Stimmen gehört. Beispiele:
>
> Das „Coronavirus-Update" des Virologen *Christian Drosten* von der Berliner Charité.
>
> Der Podcast „Kekulés Corona-Kompass" des Mikrobiologen und Biochemikers *Alexander S. Kekulé* von der Martin-Luther-Universität Halle-Wittenberg.
>
> Zahlreiche TV-Auftritte des Virologen *Hendrik Streeck* von der Universität Bonn.
>
> Bekannt wird schließlich der Leiter des Robert-Koch-Instituts, Lothar H. Wieler, durch zahlreiche, live übertragene Pressekonferenzen.

könnte: Ein paar Zehntausend Tote sind so schlimm wie der drohende weltweite Einbruch der Konjunktur".[85]

Diese Phase dauert einige Wochen. Danach erfolgt die Differenzierung. Ökonomische Gesichtspunkte treten zunehmend in den Vordergrund und spalten die Stadt auf. Im Ergebnis definiert sich die Stadtgesellschaft neu.

Tabelle 32: Ausprägung der städtischen Merkmale bei der Virus City

	Rahmenbedingungen des Handelns				Handeln
Verdichtung	Vielfalt	Infrastruktur	Einheit		Kreativität
–	–	•	••		•

Schritt 3: Worauf ist die Virus City eine Antwort?

Den Stadttyp Virus City hat niemand geplant und nur wenige haben sie vorausgesehen. Er entsteht in Folge einer Pandemie und bringt binnen Tagen über Jahrzehnte geltende Gewissheiten zum Einsturz. Die für die Stadt wichtigsten Folgen:

- Grundrechte werden außer Kraft gesetzt, die Stadtbürgerinnen und Stadtbürger werden zu Insassen, Patienten, ja Gefangenen einer Krankenstation.
- Über Jahrzehnte aufgebaute Bündnisse zerfallen wie die EU in der zweiten Märzwoche 2020, in der die Nationalstaaten streckenweise panisch handeln und die EU über Grenzschließungen nicht einmal informieren. Längst überkommen erscheinende Grenzen entstehen wieder, die Freizügigkeit nimmt ab, endet teilweise ganz.
- Die Ökonomie verliert die Gewinne von mehr als einer Dekade. Globale Lieferketten stehen ebenso infrage wie die damit verbundenen Abhängigkeiten. Arbeitsplätzen gehen verloren oder sind gefährdet. Zuerst trifft es die Menschen mit prekären Beschäftigungen, Selbstständige und kleine Betriebe, während die Reserven der großen Unternehmen etwas länger reichen. Die Börsen erleben einen Kurssturz.
- Es etabliert sich eine Herrschaft der Expertise. Da Viren ein Spezialgebiet sind, fehlen im Frühjahr 2020 Wirtschaft, Politik und Gesellschaft die Urteilsfähigkeit. Sie sind abhängig vom Wissen und den Ratschlägen der Expertinnen und Experten. Dieses Wissen und diese Ratschläge werden fast überall direkt in praktische Politik umgesetzt. Nie sind Städte so abhängig von wissenschaftlicher Expertise wie in diesem Fall. Wird die Expertise missachtet oder die Pandemie gar völlig geleugnet, sind die Folgen

---

85   DIE ZEIT vom 19. März 2020. Interview mit Richard Sennett, in: Der Tagesspiegel vom 19.3.20. Interview mit Hartmut Rosa, in: Der Tagesspiegel vom 25.3.20.

gravierender und die Zahlen der Toten noch höher. *New York* ist einer der dramatischsten Fälle.

– Der urbane Lebensstil erstirbt, und insbesondere die neue Mittelklasse, auf die in Kapitel IV.C.3 Gesellschaft und Wirtschaft noch ausführlicher eingegangen wird, trifft sie ins Mark.

Die *Virus City* ist die Antwort auf eine existenzielle Krise. Sie ist das Gegenteil der *Offenen Stadt*. Sie hebelt das Kernmerkmal der Stadt, ihre Verdichtung, aus. Wie genau sich dieser neue Stadttyp auf andere Begriffe, Konzepte und Typen auswirkt, lässt sich noch nicht sicher sagen. Aber er hat Folgen: So sinkt zumindest vorübergehend in einer sich abschottenden Welt die Bedeutung der *Global City*, der *Arrival City* und der *Neoliberalen Stadt*, während die *Hauptstadt* als Zentrum des Krisenmanagements an Bedeutung gewinnt.

Es ist sogar möglich, dass es keine Rückkehr zum Lebensstil vor der Pandemie gibt. Während autoritäre System das Virus nutzen, um ihre Macht zu festigen und auszubauen, wollen Demokraten die vollständige Rücknahme aller Einschränkungen. Wenn es denn auf den Willen ankommt. Bleibt der Virus über Jahre, ist auch folgende Möglichkeit denkbar: „Weil die Bedrohung durch eine ansteckende Krankheit – genau wie die Bedrohung durch Terror – nie aufhört, können sich Kontrollmaßnahmen leicht zu Dauermaßnahmen auswachsen."[86] Was die Krise für Städte langfristig bedeutet, lässt sich nur schwer voraussagen. Aber grundsätzlich können sich solche Krise zu existenzbedrohenden Katastrophen auswachen und im schlimmsten Fall dazu führen, dass Städte entgegen dem Trend der weltweiten Urbanisierung schrumpfen oder sogar ganz verloren gehen.

8. Shrinking City und Lost City

Aus neoliberaler Sicht gibt es auf die Frage, weshalb Städte in „normalen" Zeiten schrumpfen, eine einfache Antwort: Eine *Schrumpfende Stadt* hat sich im Wettbewerb nicht bewährt. Liberalismus heißt nun mal Chancen und Risiken. Die Schrumpfende Stadt hat ihre Chancen nicht genutzt. Diese Sicht belegt, wie sehr der allgemeine Blick sich seit Jahrzehnten auf die Ökonomie reduziert.

Schritt 1: Was für eine Stadt ist die Shrinking City?

Neu ist das Phänomen der Schrumpfenden Stadt und der *Verlorenen Stadt* nicht. Es gibt sie in allen Epochen. Das durch den Ausbruch des Vesuv im Jahr 79 verschüttete *Pompeji* ist das bekannteste, aber keineswegs einzige Beispiel der *Antike*. Die Hauptursache in neuerer Zeit sind Kriege wie der Zweite Weltkrieg. Selbst nahezu vollständig verloren erscheinende Städte wie die 1945 von Atom-

---

86 Eisenstein, Charles zitiert nach: DIE ZEIT vom 20.5.2020.

Wellen der Stadtschrumpfung

1) Die erste Welle ist die *Suburbanisierung*. Sie setzt im 19. Jahrhundert mit den *Gartenstädten* ein. Nach dem Zweiten Weltkrieg dominiert sie mit der Verbreitung des Automobils, vor allem in den USA und in Europa bis heute.

2) Eine zweite Welle folgt dem Niedergang der klassischen Kohle- und Stahlzentren sowie der angeschlossenen Industrien ab den 1970er Jahren. Städte im *Ruhrgebiet* sowie eine Reihe englischer und nordamerikanischer Städte stehen beispielhaft dafür wie *Liverpool*, das von den 1930er bis zu den 2000er Jahren eine der längsten beobachteten Schrumpfungsperioden erlebt, und die US-Motor City" *Detroit*.[87]

3) Eine dritte Welle folgt nach dem Ost-West-Konflikt. Teile der osteuropäischen Bevölkerung nutzen die Freizügigkeit, und ab Mitte der 2000er Jahre schrumpfen drei Viertel der osteuropäischen und russischen Großstädte. Nach der Einführung des Kapitalismus erweist sich kaum eine Branche als wettbewerbsfähig.

bomben getroffenen Städte *Hiroshima* und *Nagasaki* in *Japan* werden wiederaufgebaut.

Dass Städte gänzlich verloren gehen, kommt vergleichsweise selten vor. Weiter verbreitet ist das Schrumpfen, wobei es eine allgemein gültige Definition nicht gibt. Stets ist damit ein Rückgang der Bevölkerungszahl gemeint, alles Weitere sind Diskussionen der Ursachen und Folgen. Aufgrund des eindimensionalen Verständnisses ist es nicht einfach, das Phänomen zu beurteilen. Doch dieser Sicht fehlt der räumliche Bezug. Wenn etwa Suburbanisierung dazu führt, dass in der Kernstadt die Bevölkerung ab-, im Umland hingegen zunimmt, muss das nicht zwingend eine Krise sein. Deshalb ist jeder Fall für sich zu betrachten.

Wenn wir diesen Stadttyp verorten, so bewegen wir uns nahezu ausschließlich im Feld der *Analyse* und *Diagnose*. Bei den *Indikatoren* und *Kriterien* dominiert der Blick auf die Bevölkerung, konkret deren zahlenmäßiger Rückgang. Alle weiteren Felder werden nicht oder nur indirekt berührt. Nicht ganz zu vernachlässigen ist die Funktion der Programmatik, denn es gibt durchaus Konzepte, wie die *Schrumpfende Stadt* für die Zukunft umgestaltet werden kann.

Tabelle 33: Funktionen der Shrinking City

Analyse, Diagnose	Indikatoren, Kriterien	Kritik	Prognose	Ranking	Leitbild	Vision	Programmatik
•••	•	–	–	–	–	–	–

Schritt 2: Was kennzeichnet die Shrinking City?

Das Hauptkennzeichen der *Schrumpfenden Stadt*, der Rückgang der Bevölkerung, ist schon genannt. Er folgt einem Auslöser, wobei industrieller Wandel und der Verlust an Arbeitsplätzen die derzeit häufigsten Ursachen sind. Besonders stark betroffen sind Monozentren wie *Bergbaustädte* oder von *einer* Industrie abhängige Städte. Weitere Ursachen sind *Suburbanisierung* sowie demographi-

---

87 Detroit ist auch ein Beispiel für den sogenannten „Donut-Effekt". Bei diesem entleeren sich und verwahrlosen die Innenstadtbezirke, während die umliegende Region durchaus prosperiert.

scher Wandel, insbesondere Alterung. Wichtiger werden Umweltereignisse wie Stürme mit Überflutungen. Um einige Beispiele zu nennen: Gemessen an Todesopfern ist der „Great Hurricane" von 1870 mit 22.000–27.000 Toten der bislang „tödlichste" Sturm, gefolgt von Hurrikan „Mitch" von 1998 mit über 11.000 und Hurrikan „Fifi" von 1974 mit 8.000–10.000 Toten. Mit Blick auf die Folgekosten sind „Harvey" 2017 und „Katrina" 2005 mit je 125 Milliarden US-Dollar die bislang „teuersten" Stürme, gefolgt von „Maria" mit 91,6 Milliarden.

Tabelle 34: Ausprägung der städtischen Merkmale bei der Shrinking City

	Rahmenbedingungen des Handelns			Handeln
Verdichtung	Vielfalt	Infrastruktur	Einheit	Kreativität
–	–	•	–	–

Besonders ins Gedächtnis eingeprägt hat sich die fast vollständige Überflutung der Stadt *New Orleans* durch Hurrikan „Katrina". Vor dem Sturm zählt die Stadt über 450.000 Einwohner. Im Zug des Unwetters wird sie evakuiert, und ein Jahr nach der Katastrophe hat New Orleans die Hälfte seiner Einwohner verloren. Erst allmählich kehren sie teilweise zurück, im Jahr 2019 liegt die Einwohnerzahl wieder bei etwa 390.000.

Beim Blick auf die städtischen Merkmale lässt sich feststellen, dass ihre Ausprägung schwach ist oder sie ganz verschwinden: Die *Vielfalt* nimmt ab, die *Einheit* zerbricht, *Verdichtung* lockert sich und die *Kreativität* schwindet. Lediglich die *Struktur* oder Reste davon bleiben noch eine gewisse Zeit bestehen. In Fällen der Erholung ist sie in der Regel der Anker für eine Restrukturierung.

Dies gilt auch für die *Verlorene Stadt* – mit einer Steigerung ins Katastrophale: Dort löst sich auch die Struktur auf, sodass nichts bleibt außer einige Artefakte und die Erinnerung, in einigen Fällen sogar nur die.

Schritt 3: Worauf ist die Shrinking City eine Antwort?

Schrumpfende und *Verlorene Städte* werden fast immer als Krisen wahrgenommen. Landläufig wird darunter ein negativer Vorgang verstanden. Wer etwa dem Wettbewerb um Wachstum nicht standhalten kann, steigt ab und schrumpft. Wohnungsleerstand und innerstädtische Brachflächen, Verschuldung und Finanzknappheit, Arbeitsplatzverluste, Alterung, Braindrain und vieles mehr sind die Folgen. So gesehen sind *Schrumpfende Städte* keine Antwort auf eine Frage, sondern in diesem Sinne die Konsequenz eines Wirtschaftsmodells, das Erfolg in Aussicht stellt, was Verlierer einschließt.

Lampen, Angelika; Owzar, Armin (Hrsg.), Schrumpfende Städte. Ein Phänomen zwischen Antike und Moderne. Köln. *Grundlegende Einführung und guter Überblick.*

Richardson, Henry W.; Nam, Chang Woon (Hrsg.) (2014), Shrinking Cities. New York. *Umfassender Sammelband.*

Oswald, Philipp (Hrsg.) (2005), Schrumpfende Städte. Bd. 1 und 2. Berlin. *International vergleichende Sammelbände.*

Detroit ist einer ungewöhnlichsten Fälle: Hat die Innenstadt 1950 knapp 1,85 Millionen Einwohner, so sind es 2017 nur noch gut ein Drittel (673.000). Dem Konkurs des größten Arbeitgebers „General Motors" im Juni 2009 folgt ein beispielloser Niedergang, der im Juli 2013 in den Bankrott der Stadt mündet. Tausende Wohnungen stehen leer, ein Drittel der Stadtfläche liegt brach, die Kriminalität ist beispiellos.

Abbildung 10: Detroit, Downtown 2010

Seit Mitte der 2010er Jahre gibt es Anzeichen eines Umschwungs. Wie das *Berlin* der frühen 1990er Jahre zieht die marode Stadt junge, kreative Menschen an, um hier ihre Ideen zu testen. Galerien entstehen, Ateliers, Clubs. Einige Kulminationspunkte entwickeln mittlerweile neue Strahlkraft, wie der im Grunde neu gebaute „Eastern Market", einige Blocks in „Downtown" und in „Mowtown". Jungen Menschen strömen in großer Zahl in die Stadt und entwickeln einen neuen Lebensstil. Besonders interessant, für die USA nahezu revolutionär, ist der Wert, der auf gutes Essen gelegt wird. Inzwischen ist Detroit die amerikanische Stadt mit einigen der besten Cocktailbars und Restaurants. Neben dem unvermindert verbreiteten Fastfood gibt es eine moderne, junge und innovative Küche mit regionalen, oft in der Stadt selbst hergestellten Produkten. „Made in Detroit" steht nun nicht mehr für amerikanische Autos, sondern für gutes Essen mit in der Stadt hergestellten Produkten.

Es nicht absehbar, ob diese Entwicklung dauerhaften Erfolg hat. Im Moment scheint nahezu ausgeschlossen, dass sie auch nur annähernd die Verluste der vergangenen Jahrzehnte ausgleicht. Dennoch liegt in der Krise wirklich eine Chance. Da Detroit im gängigen Wettbewerb um Wachstum gescheitert ist, bleibt der Stadt nichts anderes, als es einerseits erneut zu versuchen und andererseits auch auf Neues und die entsprechenden Start-ups zu setzen. Insofern ist Detroit bemerkenswert, als dass es als eine der ersten Metropolen einen neuen Weg einschlägt.[88]

---

88 Beispielhaft dafür steht das Programm des Bürgermeisters: detroitmi.gov/government/ mayors-office/mayor (23.8.20).

9. Stadtbegriffe, -konzepte, -typen: Muster mit welchem Wert?

Die Methode

Die Zahl der Stadttypen[89] geht in die Hunderte. Doch schon die hier vorgelegte Stichprobe lässt Muster erkennen. Zur Erinnerung: Die Methode, Stadttypen zu bilden, folgt *Max Webers* Idee des Idealtypus. Sein Ziel sind trennscharfe Begriffe, um in der Realität vorgefundene Phänomene ordnen und verstehen zu können. Dazu werden die interessierenden Gesichtspunkte isoliert und in einen sinnvollen und logischen Zusammenhang gebracht.

Der Vorteil der Methode: Sie reduziert die komplizierte Wirklichkeit so, dass sie an Kontur gewinnt und anschaulich wird. Der Nachteil besteht darin, die Realität zu sehr auf die interessierenden Phänomene zu verkürzen und diese überzubetonen. Je schärfer ein Stadttyp profiliert ist – und die *Global City* oder die *Neoliberale Stadt* sind besonders prägnante Beispiele –, desto stärker blendet sie die nicht betroffenen Teile der Stadt aus.

Stadttypen beschreiben nie die ganze Stadt, sondern immer nur Teile, wobei die *Virus City*, die *Shrinking City* und die *Lost City* Extremfälle sind. Ansonsten wird nur selten das Verhältnis zwischen dem beschriebenen Teil, gelegentlich auch mehreren Teilen und der Reststadt zu klären versucht. Zu den Ausnahmen der hier betrachteten Fälle zählen *Richard Sennetts* Konzept der *Offenen Stadt* (Kapitel III.B.9.) und *Doug Saunders Arrival City* (Kapitel IV.B.4.).

Das führt zur Frage, was da eigentlich beschrieben wird: Ein Thema und seine Auswirkungen auf die Stadt oder eine Stadt und ihre Bedeutung für das Thema? Im besten Fall beides sowie die Wechselwirkungen, meist jedoch ersteres. Dadurch bleibt das originär Städtische vergleichsweise verschwommen.

Stadttypen zu bilden, hat noch eine weitere Folge. Sie betrifft ein grundlegendes Werkzeug der Sozialwissenschaften. Verfügen die Naturwissenschaften über das *Experiment*, um Thesen zu prüfen, haben die Sozialwissenschaften lediglich den *Vergleich*. Vergleiche zwischen Stadttypen sind jedoch nur schwer möglich, denn bei ihrer Bildung folgen die Disziplinen einerseits den Methoden ihres Fachs und andererseits der Logik des interessierenden Themas. So entstehen zwar in sich schlüssige Beschreibungen, aber in welchem Verhältnis sie zueinanderstehen, bleibt unklar. Es lässt sich nicht beurteilen, ob etwa die *Smart City* ein klügerer Ansatz ist als die *Nachhaltige Stadt*. Und in diesem Beispiel stehen sich die Stadttypen noch vergleichsweise nahe.

Um hier weiterzukommen, sind die ausgewählten Beispiele nur soweit beschrieben, um genug Substanz für drei Fragen an sie zu haben. Zuerst haben wir

---

89 Während *Begriffe* den Bedeutungsinhalt einer Vorstellung in den Vordergrund rücken, fassen *Konzepte* umfassendere, meist komplexere Sachverhalte zusammen. Bei *Typen*, insbesondere beim *Idealtypus*, geht es um die begriffliche Fassung eines thematischen Ausschnitts der Wirklichkeit. Die Übergänge zwischen Stadtbegriffen, -konzepten und -typen sind in der Stadtforschung oft weich und fließend. Da hier als Beispiele Stadttypen betrachtet werden, wird in diesem Kapitel durchweg dieser Begriff verwendet. Prell, Uwe (2016), S. 247–268.

nach der *Funktion* gefragt. Es ist ein Unterschied, ob ein Begriff, Konzept oder Typ dazu entwickelt wird, um eine bestimmte Entwicklung zu verstehen oder eine Vision zu formulieren.

Die zweite Frage gilt der Ausprägung der jede Stadt kennzeichnenden Merkmale, wie sie in Kapitel III. C.13 beschrieben sind.

Im dritten Schritt haben wir die von *Hans J. Nissen* für die Ursprünge der Stadt formulierte Frage aufgegriffen und für die Gegenwart fruchtbar gemacht. Sie lautet: Auf welche Frage bietet der Stadttyp eine Antwort? Welches Problem wird gelöst?

Ziel dieser dreifachen Operation ist es einerseits anzuerkennen, dass bestimmte Begriffe, Konzepte und Typen aus sehr unterschiedlichen Motiven entwickelt werden und sie nun mal so sind, wie sie sind. Um diese Vielfalt dennoch beurteilen zu können, haben wir andererseits die besagten Fragen an sie gestellt.

Die Funktionen der Stadttypen im Vergleich

Für die erste Frage nach der Verortung bietet das „Handbuch der Stadtkonzepte" den bislang überzeugendsten Vorschlag. Die Autorinnen und Autoren fragen nach den Funktionen von Stadttypen und untersuchen insgesamt 21 Fälle.[90] Aus der Zusammenschau der ausgewählten Beispiele lassen sich erste Schlüsse ziehen.

1) Zunächst bestätigt sich die Selbstverständlichkeit, dass Städte stets mehrere Funktionen erfüllen. Selbst spitz positionierte Städte sind immer mehr, nie einfunktional. Verschwindet diese Eigenschaft, so verschwindet auch die Stadt, wie die Grenzfälle zeigen.

2) Innerhalb der Multifunktionalität lassen sich Felder erkennen, in denen einzelne Stadttypen besonders stark oder schwach sind. Vor allem analytische Stadttypen wie die *Global City*, die *Arrival City* oder die *Shrinking City* nehmen bestimmte Phänomene in den Blick, in diesen Fällen die globale Wirtschaft, die weltweiten Wanderungsströme sowie das Schrumpfen. Dabei interessiert sie die Gegenwart. Um diese als Ergebnis einer Entwicklung zu erklären, spielt die Vergangenheit natürlich eine Rolle.

Andere Stadttypen haben einen anderen Zweck. Sie sind konstruiert, um die Zukunft zu gestalten. Die Vergangenheit nutzen sie bestenfalls als Kontrast. Von den hier angeführten Beispielen betrifft dies insbesondere die *Smart City* als

---

90   Streng genommen sind das sogar zehn Felder. *Analyse*, also die Zerlegung eines Themas, und *Diagnose*, eine zusammenfassende Beurteilung, miteinander zu verbinden, ist durchaus problematisch. Beide Begriffe sind einander zwar nahe, aber nicht identisch. Das eine bedingt das andere, es gibt – wie bei den *Indikatoren* und *Kriterien* Überschneidungen. Das gilt auch für die Begriffe *Programmatik*, *Leitbild* und *Vision*, die alle Abstufungen eines in die Zukunft gerichteten Denkens mit fließenden Übergängen sind. Auch wenn sich der Zuschnitt der Funktionen kritisch diskutieren lässt, folge ich dem Vorschlag des Handbuchs.

Vision und die *Neoliberale Stadt* als *Leitbild*. In beiden Fällen leiten sich nicht zufällig entsprechende *Programmatiken* ab.

Tabelle 35: Felder, in denen die untersuchten Stadttypen verortet sind

Funktion/ Stadttyp	Analyse, Diagnose	Indikatoren, Kriterien	Kritik	Prognose	Ranking	Leitbild	Vision	Programmatik
Megacity	•••	–	•	••	–	–	–	–
Global City	•••	••	–	•	•••	••	•	••
Hauptstadt	–	••	•	•	–	••	•	••
Arrival City	•••	–	••	•	–	••	–	–
Smart City	•	–	•	–	••	••	•••	••
Neoliberale Stadt	–	•	•	•	•	•••	••	••
Virus City	•••	••	•	•	•	–	••	–
Shrinking | Lost City	•••	•	–	–	–	–	–	–

Trifft die erste Gruppe Aussagen über die Stadt wie sie ist (Empirie), so liefert die zweite ein Bild davon, wie sein soll (Idee). Bewegen wir uns bei ersterer auf vergleichsweise sicherem Gebiet, sind bei letzterer Ideologie und Reklame nicht weit. Die erste Prüfung schärft also die Wahrnehmung in dieser Hinsicht, indem sie ein Raster anbietet, das Klarheit schafft.

Die Merkmale der Stadttypen im Vergleich

Um noch präziser zu werden, schließt sich eine Betrachtung der Ausprägung der verschiedenen Stadttypen an. Der theoretische Teil hat fünf jede Stadt kennzeichnende Merkmale erbracht: *Verdichtung, Vielfalt, Struktur, Einheit* und *Kreativität*. Damit sind sowohl die Bedingungen des Handelns in der Stadt gefasst wie das Handeln selbst. Noch nichts ist damit über die Ausprägung dieser Merkmale gesagt. Um dieses zu prüfen, haben wir die ausgewählten Stadttypen danach befragt. Die Zusammenschau ergibt:

1) Mit Blick auf die vier städtisches Handeln bestimmenden Bedingungen fällt auf, dass die *Infrastruktur* in allen betrachteten Fällen vorhanden, wichtig oder dominant ist. Ohne Infrastruktur geht nichts, nicht einmal im Grenzfall der *Virus City,* der *Schrumpfenden Stadt,* und selbst in der *Verlorenen Stadt* ist sie – zumindest in Resten – das Letzte, was bleibt.
2) Das hinsichtlich der Rahmenbedingungen städtischen Handelns dominante Merkmal der *Verdichtung* spielt bei den betrachteten Beispielen eine nicht ganz so große Rolle, was an der Auswahl liegt. Reduziert sich die Verdichtung wie in den Extremfällen, hört die Stadt auf, Stadt zu sein.

3) Bei der *Vielfalt* kommt die *Neoliberale Stadt* ohne dieses Merkmal aus, ansonsten ist es vorhanden bis stark ausgeprägt wie bei der *Arrival City*.
4) Das Merkmal *Einheit* ist wichtig für die *Hauptstadt*, die *Arrival City* und die *Virus City*, für die anderen Beispiele spielt es keine Rolle.
5) Das Handeln selbst, das wir mit dem Attribut der *Kreativität* belegt haben, kommt wie die *Verdichtung* in fast allen Stadttypen vor. Dass in Städten auf eine bestimmte Weise gehandelt wird, darüber sind sich die betrachteten Beispiele (mit Ausnahme der Grenzfälle) einig, auch wenn sie das Handeln in völlig verschiedenen Feldern betrachten.

Tabelle 36: Ausprägung der städtischen Merkmale in verschiedenen Stadttypen

| | MERKMALE, die … | | | | |
| | ... die Bedingungen des Handelns in der Stadt bestimmen | | | | ... das Handeln in der Stadt selbst charakterisieren |
STADTTYP	Verdichtung	Vielfalt	Infrastruktur	Einheit	Kreativität
Megacity	•••	••	•	–	••
Global City	•	•	•••	–	•••
Hauptstadt	•	•	•••	••	•••
Arrival City	••	•••	•	••	••
Smart City	–	•	••	–	••
Neoliberale Stadt	–	–	••	–	•
Virus City	–	–	•	••	•
Shrinking | Lost City	–	–	•	–	–

In Kapitel III.C.3. haben wir argumentiert, dass die dort genannten fünf Merkmale in jeder Stadt vorkommen, ja sie definieren. Bei dem hier angestellten Vergleich gibt es jedoch Fälle, in denen einige Merkmale nicht zu belegen sind. Das liegt nicht daran, dass sie etwa in der Realität nicht existieren, sondern an der Fragestellung, wie wichtig einem Stadttyp die einzelnen Merkmale sind. Auffällig sind deshalb die Fälle, in denen einzelne Merkmale keine Rolle spielen. Dabei sticht heraus, dass mehr als der Hälfte der betrachteten Stadttypen die *Einheit* der Stadt letztlich egal ist. Sie achten nicht auf die Spaltung der Stadtgesellschaft, nehmen sie in Kauf oder fördern sie sogar. Für die Praxis schließt sich hier die Frage an, ob sie solche Konzepte forcieren und ihre Folgen akzeptieren soll oder diese als Mangel sieht, den es zu beheben gilt.

Zusammenfassend gibt der Blick auf die Ausprägung der Merkmale Auskunft über die Zielrichtung eines Stadttyps, und zwar unabhängig davon, ob er das Ergebnis einer Entwicklung ist oder planvoll angestrebt wird. Zusammen mit den zuvor untersuchten Funktionen lassen sich nun Stadttypen einerseits danach beurteilen, welchen Zielen sie dienen, und andererseits danach bewerten, wie sich die für die Stadt typischen Merkmale ausprägen bzw. ausprägen sollen.

Die Spezialisierung der Städte

Stadttypen spiegeln die Spezialisierung von Städten. Wachstum durch Zuwanderung, Entwicklung der globalen Wirtschaft, die Notwendigkeit Territorien zu steuern, Erfordernisse des Umweltschutzes oder einer Pandemie, Ausprägung der Wirtschaft als mit Risiken verbundener ökonomischer Wettbewerb – mit all diesen Anforderungen sind Städte konfrontiert. Werden sie als Fragen formuliert, lassen sich diese Stadttypen als Antworten darauf lesen.

Damit wissen wir, 1) womit wir es zu tun haben, ob etwa mit einer *Analyse* und *Diagnose* oder mit einer *Vision*, um die beiden Pole des Spektrums zu nennen, 2) welche Merkmale den Stadttypen wichtig sind, welche sie übersehen oder worauf sie keinen Wert legen, und 3) lässt sich die Frage formulieren, auf die sie antworten.

Stadttypen gewichten Themen und werden in der Praxis dazu genutzt, um Ressourcen zu steuern. Deshalb ist die Betrachtung der Stadttypen wichtig, denn sie erklären sowohl die mit den Ideen verbundenen Interessen als auch die heftigen Debatten innerhalb und zwischen den Disziplinen. Es geht um etwas. Um Deutungshoheit. Um Geld. Bei dessen Verteilung spielen die Themen eine entscheidende Rolle. Sie sind Gegenstand des letzten Kapitels.

Tabelle 37: Auf welche Frage bietet ein Stadttyp eine Antwort?

FRAGE	ANTWORT	STADTTYP
Wie wird die Stadt mit den weltweiten, wachsenden Zuwanderungen fertig?	indem sie wächst	Megacity
	indem sie diese Entwicklung aktiv gestaltet	Arrival City
Wie werden komplexe Territorien gesteuert?	durch hochspezialisierte Kommando-/Steuerungszentralen	Hauptstadt
Wie wird die globale Ökonomie gesteuert?		Global City
Was verspricht Erfolg im ökonomischen Wettbewerb?	die Umgestaltung der Stadt zum Unternehmen	Neoliberale Stadt
Wie lässt sich die Bevölkerung vor einer Epidemie oder Pandemie schützen?	indem Menschen auf Nähe verzichten, die Verdichtung abnimmt und damit auf ein Kernmerkmal der Stadt verzichtet wird	Closed City
Wie hoch sind die Risiken des Wettbewerbs?	Wer dem Wettbewerb nicht standhält, verliert den Wachstumspfad, schrumpft und kann untergehen.	Shrinking | Lost City
Wie lässt sich der Zielkonflikt zwischen klassischer Ökonomie und Umweltschutz lösen?	indem beide Prinzipien verbunden und harmonisiert werden	Smart City

C. Stadtthemen

Stadtbegriffe, -konzepte und -typen priorisieren Themen. Je nachdem, wie fein unterschieden wird, sind es ein bis zwei Dutzend Themen. Fast alle hängen miteinander zusammen, überschneiden und beeinflussen sich. Der Anspruch der Kürze erfordert eine Auswahl. Sie folgt einigen weltweit intensiv und kontrovers geführten Diskussionen, wobei eng miteinander verbundene Themen gemeinsam behandelt werden. Am Beginn stehen jeweils Fakten zum aktuellen Stand, der sich die Erörterung wichtiger Folgen für die Stadt und ein Ausblick anschließen. Da das wichtigste Thema dieses Kapitel abschließt, erfolgt der Einstieg über das zweitwichtigste Thema der Gegenwart: die Zu- und Abwanderung.

1. Zuwanderung und Abwanderung

(i) Anteil der in anderen Ländern geborenen Stadtbewohnerinnen und Stadtbewohner

Dubai	83%
Brüssel	62%
Toronto	46%
Auckland, Sydney, Los Angeles	39%
Singapur	38%
London, New York City	37%
Melbourne	35%
Amsterdam	28%
Frankfurt am Main	37%
Paris	25%

37.000 Menschen pro Tag und 70,8 Millionen im Jahr fliehen vor Verfolgung und Kriegen.[91] Die Gesamtzahl der Menschen, die ihr Land verlassen haben, liegt weltweit bei rund 250 Millionen. Mehr als dreimal so hoch ist die *Migration* innerhalb von Staaten, die Zahl liegt bei 763 Millionen. Beide Formen zusammen ergeben 1,04 Milliarden Menschen, 13,4 Prozent der Weltbevölkerung.

Überwiegend finden diese Menschen zeitweise oder dauerhaft Aufnahme in Städten, die bereits eine hohe Bevölkerungszahl haben. In den USA, in Großbritannien, Kanada und Australien beträgt der Anteil jeweils über 90 Prozent.

Migration ist eine der stärksten Triebkräfte der Urbanisierung. Beschrieben sind diese Prozesse und ihre Folgen aus sehr unterschiedlichen Blickwinkeln, wie etwa durch *Doug Saunders* in *Arrival City* oder durch *Mike Davis* in *Planet of Slums* (Kapitel IV.B.4.). Daraus ergeben sich mehrere Entwicklungspfade:

1) Städte wachsen weiter. Sie müssen den zeitweise oder dauerhaft zuwandernden Menschen Schutz, Arbeits- und Lebensmöglichkeiten bieten.
2) Bei der Zuwanderung ist zu beobachten, dass sich der überwiegende Teil der neuen Stadtbewohnerinnen und -bewohner in den Randgebieten ansiedelt und nicht in der Kernstadt.
3) Dadurch entstehen eigene Kulturen, die häufig Enklaven und *Parallelgesellschaften* bilden. Die mit Einwanderung verbundene Vielfalt an Religionen, Sprachen, Ethnien und Kulturen können Städte sowohl beleben als auch den sozialen Zusammenhalt, tradierte Kulturen und die Sicherheit bedrohen. Häu-

---

91   unhcr.org/dach/de/services/statistiken (23.8.20). Weitere Zahlen sind ebenfalls dieser Quelle entnommen.

fig beobachten lassen sich soziale Spannungen, Fremdenfeindlichkeit und Diskriminierung sowie Gewalt in Nachbarschaften, am Arbeitsplatz oder in der Schule. Da diese Fälle durchweg hohe Aufmerksamkeit erregen, geraten die positiven Beispiele in den Hintergrund. Das verzerrt das Bild, denn diese Fälle überwiegen.[92]

4) Ökonomisch tragen eingewanderte Menschen rund zehn Prozent zum weltweiten Bruttoinlandsprodukt bei. In den meisten Fällen sind die Hauptmotive Integrationswille und das Ziel, das eigene Leben zu verbessern.

5) Im Unterschied zu den Nationalregierungen ist die Stadtpolitik unmittelbar betroffen und oft verantwortlich. Das setzt die fast überall belastete *Infrastruktur* weiter unter Druck und erfordert von der Kommune, die Stadtgesellschaft neu zu definieren.

6) Geschieht dies nicht aktiv, verwandeln sich die Städte dennoch. Transnationale Migration mit ihren weltweiten Verbindungen zwischen Einzelpersonen, Unternehmen und Kulturen verwandeln Städte in globale Zentren wie etwa *Dubai, Kuala Lumpur, London, New Delhi, New York, Sydney* und *Toronto*.

7) Eine weitere Folge ist der politische Kulturwandel, insbesondere in liberalen Demokratien. Ein Teil der Bevölkerung sieht sich durch Zuwanderung in seiner Identität zurückgesetzt und bedroht. Einerseits ist das tatsächlich der Fall, andererseits auffällig in Regionen und Ländern ausgeprägt, die wenig oder keine Zuwanderung haben. Unberührt von praktischer Erfahrung eignet sich das Thema deshalb besonders gut als Munition für populistische Bewegungen und wird intensiv genutzt, so etwa durch Präsident *Donald Trump* in den *USA, Viktor Mihály Orbán* in Ungarn, die *PiS-Partei* in *Polen* und die *AfD* in *Deutschland*, wie die Politikwissenschaftler *Ivan Krastev* und *Stephen Holmes* in ihrem Band „Das Licht, das erlosch" genau analysiert haben.[93]

i Best – Worst

Abbildung 11

An negativen Beispielen herrscht kein Mangel, deshalb der Hinweis auf das ermutigende Projekt *Cities of Migration*. Die Homepage *citiesofmigration.ca* ist eine inspirierende Fundgrube.

Dies sind einige der wichtigsten Folgen der Zuwanderung für Städte. Sie betreffen sowohl die grenzüberschreitende Migration als auch die Binnenmigration. Hinzu kommen Umweltzerstörung durch Verschmutzung, Destabilisierung oder Naturkatastrophen. Sie zwingen immer mehr Menschen dazu, ihre Wohnorte zu verlassen. Für 2016 wird ihre Zahl auf rund 24 Millionen geschätzt. Prognosen gehen von einem Anstieg der Zahl auf 50–150 Millionen Menschen aus. Das

---

92 ec.europa.eu/migrant-integration/home?lang=de (23.8.20); Anteil der in anderen Ländern Geborenen: www3.weforum.org/docs/Migration_Impact_Cities_report_2017_low.pdf (23.8.20).

93 Krastev, Ivan; Holmes, Stephan (2019), Das Licht, das erlosch. Eine Abrechnung. Berlin. Zu den Zahlen: iom.int/global-compact-migration (23.8.20). Ferner: Ionesco, Diana; Mokhnacheva, Daria; Gemenne, François (2017), Atlas der Umweltmigration. München.

schließt zweierlei ein: die Abwanderung vom Land und das Schwinden der Dörfer (Kapitel IV.C.6.) sowie die schon angesprochene Schrumpfung von Städten.

So ist festzuhalten, dass die Migration in ihren Dimensionen und ihrer Komplexität auf längere Sicht eines der wichtigsten, das Leben der Menschen in der Stadt bestimmenden Themen bleibt. Das Leben in der Stadt vertiefend zu thematisieren, ist nicht möglich, ohne ein Blick darauf zu werfen, wie die Menschen dort wohnen und leben.

2. Wohnen und Leben

So breit gefächert wie die menschlichen Möglichkeiten ist das Wohnen in der Stadt: vom Schlafsack vor der *Public Library* in *Los Angeles* Downtown reicht das Spektrum bis zum millionenschweren Loft im 829,8 Meter hohen *Burj Khalifa* in *Dubai*. Größen, Qualitäten, Typen und Formen variieren die „Immobilie", also die „nicht bewegliche Sache", immer wieder neu – und doch halten sich die Grundmuster über Jahrtausende. Selbst respektabel erhaltene Wohnungen und Häuser der Antike wären mit mäßiger Modernisierung heute problemlos bewohnbar.

Für die Nutzerinnen und Nutzer ist das Wohnen in Städten inzwischen fast überall ein Problem, der Raum ist knapp, die Nachfrage übersteigt das Angebot und die Preise sind hoch. Ausnahmen wie die Wohnungsmärkte *Schrumpfender Städte* bestätigen diese Regel. Besonders hoch ist der Preisdruck in den prosperierenden Metropolen. Einzig die *Oberschicht* hat keine nennenswerten Probleme, da sie über genug Geld verfügt, um die gewünschte Qualität zu kaufen oder zu mieten. Kritisch wird die Situation ab der *Mittelschicht* (ein immer weniger aussagekräftiger Sammelbegriff, der im nächsten Abschnitt behandelt wird). Oft reicht ein Gehalt nicht mehr aus, um eine Wohnung für zwei oder mehr Menschen zu unterhalten, sodass Abstriche in Lage und Qualität die Folge sind. Städte, die darauf mit Wohnbauprogrammen jenseits der Kernstadt reagieren, verringern so zwar den Druck, erzeugen jedoch Folgeprobleme wie erhöhtes Verkehrsaufkommen oder die Schaffung von Enklaven. Am größten ist das Problem für die *Unterschicht*, die sich nur einfache Unterkünfte leisten kann, oft nicht einmal die. Dafür sind mehrere, miteinander verknüpfte Prozesse verantwortlich. Zwei sind besonders einflussreich:

Zum einen sind Immobilien eines der weltweit größten Geschäftsfelder. Allein in Deutschland beträgt das Bruttoanlagevermögen von Immobilien 2016 rund 17,3 Billionen Euro.[94] Aus dem sozialen Wohnungsbau haben sich die Kommunen in den letzten 30 Jahren weitgehend zurückgezogen – eine Haltung, die inzwischen teilweise revidiert wird. Vorerst ist das urbane Wohnen vor allem eine Frage des Preises.

---

94   de.wikipedia.org/wiki/Immobilienwirtschaft (23.8.20); zur Gentrifikation: Lees, Loretta; Phillips, Martin (Hrsg.) (2019), Handbook of Gentrification Studies. Celtenham.

Zum anderen verdrängen derzeit besonders umfangreich jüngere und einkommensstarke Schichten die Alteingesessenen.

Wohnen und Leben sind eng miteinander verknüpft – wie eng illustriert ein Zitat des Berliner Malers und Zeichners *Heinrich Zille* aus dem frühen 20. Jahrhundert: „Man kann mit einer Wohnung einen Menschen genauso töten wie mit einer Axt." Das trifft immer noch zu, wenngleich heute häufiger in den Städten des Südens als des Nordens. Ähnlich wichtig wie die Wohnung ist die Nachbarschaft mit ihren Läden und öffentlichen Einrichtungen. Auch hier sind die finanziellen Möglichkeiten der Einwohnerinnen und Einwohner wichtig und mit dem Lebensstil verknüpft, den aber nicht mehr ausschließlich das Geld bestimmt. Beides beeinflusst sich wechselseitig und ist seit etwa einer Generation an die *Globalisierung* angeschlossen, die wiederum auf einzelne Viertel und ganze Städte zurückwirkt.

Dieser Gentrifizierung genannte Vorgang ist wissenschaftlich nicht genau definiert. Vielfach wird der Begriff als Schlagwort und Kampfbegriff genutzt. Einen guten und aktuellen Überblick bietet das „Handbook of Gentrification".

Ein Beispiel: Zahlreiche Rankings erfassen, wie lebenswert Städte sind. Die populäre Liste der Zeitschrift „Economist" nennt für 2018 *Wien*, *Melbourne* und *Sydney* auf den Top- sowie *Damaskus*, *Lagos* und *Dhaka* auf den letzten Plätzen.[95] Andere Listen kommen zu ähnlichen Ergebnissen. Wichtig sind sie durch ihren doppelten Einfluss: Einmal wirken sie *direkt* durch eine Steigerung der Nachfrage auf dem Wohnungsmarkt und einmal *indirekt*, weil sie Städte als Touristenziele attraktiv machen. Beides wiederum fördert die *Gentrifizierung* und ein Phänomen des modernen Massentourismus: die zeitweise Vermietung von Wohnungen an Touristen erreicht inzwischen Dimensionen, die einige Viertel, sogar ganze Innenstädte zur Kulisse einer neuen, individualistischen Erlebniskultur umgestalten. Die Einheimischen profitieren davon – und leiden darunter.

i   Best – Worst

Chile – Constitución: Das schwere Erdbeben im Februar 2010 tötet über 500 Menschen und macht Tausende obdachlos. Der chilenische Architekt *Alejandro Aravena* und sein Team sind nicht spezialisiert auf Luxusimmobilien, sondern auf günstige und hochwertige Sozialwohnungen. Seine Idee: Er baut halbe Häuser, die die Besitzer dann später nach eigenem Bedarf und Möglichkeiten weiter- und „fertig" bauen können.

Abbildungen 12–13

Deutschland – Berlin Zentrum Kreuzberg: 1974 mit großen Hoffnungen als Modellprojekt eröffnet, wird diese Variante des sozialen Wohnungsbaus – beispielhaft das Neue Kreuzberger Zentrum (NKZ) – und der Stadtentwicklung zur vielleicht größten Enttäuschung der zweiten Hälfte des 20. Jahrhunderts. Der Komplex, der berüchtigte Platz Kottbusser Tor und die Umgebung werden zum sozialen Brennpunkt. Erst im Zuge der „Behutsamen Stadterneuerung" 1984/87 und mit dem Quartiersmanagement zu Beginn des 21. Jahrhunderts gelingt die Wiederbelebung.

---

95   eiu.com/n/the-global-liveability-index-2019/ (23.8.20).

Einen tiefen Einschnitt bildet hier die 1919 ausgebrochene Pandemie. Die beschriebene Form des Tourismus kommt im März 2020 weltweit vollständig zum Erliegen. Wie sich das langfristig auswirkt, ist derzeit nicht zu beurteilen.

Wohnen und Leben sind ursächlich verknüpft mit massiven Veränderungen in der Gesellschaft. Dies wiederum hängt mit einem Wandel von Wirtschaft und der Arbeitswelt zusammen. Beidem gilt der nächste Blick.

3. Gesellschaft und Wirtschaft

In den 1980er Jahren ist die gesellschaftliche Revolution nicht absehbar, die sich seit zwei Dekaden vollzieht. Der Soziologe *Ulrich Beck* – und mit ihm viele – sehen stattdessen einen Weg „in eine mobile Gesellschaft ‚jenseits von Klasse und Stand‘". Es kommt anders: Zwar schreitet die Individualisierung weltweit voran, aber „die kulturellen Lebensformen (sind) nicht gleichberechtigt, vielmehr unterscheiden sie sich hinsichtlich ihrer Lebenschancen, ihrer Lebensgefühle und ihres gesellschaftlichen Prestiges erheblich voneinander".[96]

Der erhoffte Pluralismus erweist sich als Illusion. Stattdessen entwickeln sich Konflikte und lösen ab, was in Deutschland noch Mitte des 20. Jahrhunderts „nivellierte Mittelstandsgesellschaft" (*Helmut Schelsky*) heißt. Der Soziologe *Andreas Reckwitz* spricht von einer neuen *Klassengesellschaft*, bestehend aus „einer aufsteigenden, hochqualifizierten neuen Mittelklasse von Akademikern, einer stagnierenden alten oder traditionellen Mittelklasse und einer absteigenden neuen Unterklasse oder prekären Klasse". Hinzu kommt eine kleine Oberklasse der Superreichen. Die Dynamik zwischen den Klassen erzeugt eine „Paternostergesellschaft": Während die neue der alten Mittelklasse entwächst, fällt die Unterklasse aus ihr heraus.

Diese Entwicklung löst auch die Unterscheidung zwischen Industrie- und Entwicklungsländern ab. Im Unterschied zum historischen Klassenkampf treibt nicht das materielle, sondern das kulturelle und soziale Kapital die Entwicklung voran. Deshalb sind die Vorgänge nicht vergleichbar, trotz der begrifflichen Erinnerung an den historischen Klassenkampf. Diese neue Sicht ersetzt nicht die seit Jahrzehnten verbreitete Unterscheidung in *Milieus*, sie überlagert sie. Milieus gibt es nach wie vor, die neuen Konflikte aber bilden sie nicht hinreichend ab. Erst wenn beide Betrachtungen übereinandergelegt werden, lassen sich die Milieus den Klassen zuordnen.

Dieser Wandel treibt die Veränderungen in Städten vom Wohnungs- bis zum Arbeitsmarkt. Hauptursache ist die Herausbildung einer neuen Wirtschaftsform, die als vorläufiger Schlusspunkt einer in drei Phasen verlaufenden Entwicklung gedeutet werden kann: „… eine lange Phase eines Nebeneinanders von statischer Landwirtschaft und Handelskapitalismus, eine zweite Phase der

---

96 Reckwitz, Andreas (2019), Das Ende der Illusionen. Politik, Ökonomie und Kultur in der Spätmoderne. Berlin, S. 63. Das folgende Zitat: S. 67.

industriellen Moderne und schließlich die dritte und jüngste Phase eines postindustriellen, kognitiv-kulturellen Kapitalismus."[97]

Zahlen belegen die Entwicklung: Beschäftigt die klassische Industrieproduktion in den 1960er und 1970er Jahren rund 50 Prozent der Arbeitnehmer, so halbiert sich der Anteil bis heute. Parallel wächst der Anteil der Beschäftigten im Dienstleistungssektor auf etwa 75 Prozent. Dies geht Hand in Hand mit einer Konsumrevolution. Nach Befriedigung der Grundbedürfnisse richtet sich vor allem in der modernen Mittelklasse die Nachfrage nun auf Güter, „von denen die Konsumenten einen kulturellen Wert und kulturelle Einzigartigkeit erwarten: von der Erlebnisreise über die Netflixserie und die Markenkleidung bis hin zur Bioernährung und zur Wohnung in ausgesuchter Lage".

Die urbanen Arbeitsmärkte richten sich entsprechend aus, die Zahl der Jobs steigt, die einen solchen Mehrwert produzieren – und jene Viertel, die mit ihren Büros, Wohnungen, Läden und Restaurants diesen Lebensstil verkörpern, gelten als „in".[98] Im Ergebnis entsteht so eine Frontstellung der neuen zur klassischen Mittelschicht und zur Unterschicht.

Diese Entwicklung schlägt sich auch im Verkehr nieder. Zwar werden neue Wege insbesondere durch die neue Mittelschicht leidenschaftlich diskutiert und getestet, aber der globale Trend weist in eine andere Richtung.

i *Die neue Klassengesellschaft*

Orientierungen der neuen Klassen:

1) *Traditionelle Mittelklasse*: Sesshaftigkeit, Ordnung, kulturelle Defensive.

2) *Neue Mittelklasse*: erfolgreiche Selbstverwirklichung, urbaner Kosmopolitismus, aufstrebend.

3) *Prekäre Klasse*: fällt aus der Mittelklasse heraus, beißt sich durch und ist bedroht von Deklassierung.

4. Bewegung und Stillstand

Der Weltfahrzeugbestand liegt 2015 bei 1,2 Milliarden. Das ist der einstweilige Höhepunkt einer atemberaubenden Entwicklung: Liegt der weltweite Bestand 1930 noch bei 35 Millionen Fahrzeugen, 1950 bei 70, 1970 bei 250 und 1990 bei 580 Millionen, so überschreitet er 2010 eine Milliarde.[99] Eine Mobilitätsform erobert die Erde und damit die Städte. Auch ungeachtet der Verteilung hat das weitreichende Folgen. Drei seien hier kurz skizziert:

1) Die urbane Welt von heute ist eine automobile Welt. Nach wie vor ist das Auto Verkehrsmittel Nummer 1. Es verspricht unabhängige Mobilität, und

---

97 Reckwitz, Andreas (2019), S. 143. Das folgende Zitat findet sich auf S. 141.

98 Diese aktuellen Beschreibungen entwickeln Pierre Bourdieus Überlegungen aus den 1970er Jahren weiter, der die Begriffe Milieu und Habitus populär macht und auf die „feinen Unterschiede" zwischen den Schichten blickt. Bourdieu, Pierre (1982, Original 1979), Die feinen Unterschiede. Kritik der gesellschaftlichen Urteilskraft. Frankfurt a. M.

99 de.wikipedia.org/wiki/Wirtschaftszahlen_zum_Automobil#Gesamt (23.8.20). Zum Stau: tomtom.com/en_gb/traffic-index/ (23.8.20). Zur Seilbahn: Wiechmann, Jan Christoph (2019), Über allen Dingen. In: STERN vom 5.3.20.

die Städte haben sich im 20 Jahrhundert weitgehend zur *autogerechten Stadt* umgebaut. Das spiegelt seit Mitte des 20. Jahrhunderts einen Lebensstil, der sich jenseits aller politischen Ideologien durchsetzt.

2) Diese Form der Mobilität kommt inzwischen teilweise zum Stillstand, wie der Stauindex belegt. 2019 erfasst er 416 Städte und wertet die Navigationsdaten aus. Die Spanne, die über der üblichen Fahrzeit liegt, wird in Prozent umgerechnet, und die Städte werden danach gerankt. Die Top drei sind *Bengaluru*, *Manila* (beide +71%) sowie *Bogota* (+ 68%). Aber selbst auf den letzten Plätzen (*Arkon, Cadiz* [beide +10%] sowie *Greensboro-High Point* [+9%]) muss mit rund zehn Prozent mehr Fahrzeit gerechnet werden.

Sind Staus das Ergebnis einer hohen Verkehrsverdichtung, so führt die Pandemie zu einem ganz anderen Stillstand. Ausgangsbeschränkungen führen zu einer deutlichen Verringerung und zum teilweisen Stillstand des Verkehrs.

3) Das größte Folgeproblem des Verkehrs ist die Umweltbelastung, da nahezu ausschließlich Verbrennungsmotoren die Fahrzeuge antreiben. Lokal emissionsfreie Alternativen wie der Elektroantrieb bewegen 2020 nur knapp 0,5 Prozent der Autos. Die weltweiten Emissionen des Verkehrs liegen bei knapp 18 Prozent.[100]

Diese Fakten verdeutlichen den Zielkonflikt zwischen Bedürfnissen nach individueller Mobilität sowie einem *nicht* vom Verkehr und seinen Folgen dominierten Leben in der Stadt und dem Klimawandel. Das Bewusstsein für die Thematik wächst langsam, und Konzepte wie die *Nachhaltige Stadt* oder die *Smart City* sind erste Versuche einer Antwort. Als positives Beispiel gilt die Sieben-Millionen-Stadt *Hongkong*, einer der am dichtesten besiedelten Räume der Welt. Nur etwa ein Prozent der Bevölkerung besitzt dort ein Auto, die öffentlichen Verkehrsmittel sind gut ausgebaut und der tägliche Arbeitsweg liegt bei knapp über einer halben Stunde. Weitere positive Beispiele sind *Stockholm* und *Amsterdam*, mit einem stark ausgebauten und gut genutzten Fahrradwegenetz.

So sehr in den Diskussionen grundsätzlich Einigkeit darüber besteht, dass der Automobil-

> **ⓘ** *Best – Worst*
>
> *Medellín, Kolumbien:* 2004 eröffnet die erste Linie einer Seilbahn. Inzwischen binden zwei Linien arme Viertel ans öffentliche Verkehrsnetz an. Für über 500.000 Einwohner halbiert sich dadurch die Fahrzeit ins Zentrum. Die Maßnahme erweist sich als Initialzündung zur besseren sozialen und wirtschaftlichen Integration der Viertel. In der Folge sinkt die Kriminalität und steigt die Gewerbeansiedlung.
>
> *Bangalore, Indien:* Niemand verbringt mehr Zeit im Stau als Autofahrerinnen und -fahrer in Bangalore: 243 Stunden sind es im Jahr 2019.

---

100 de.statista.com/statistik/daten/studie/317683/umfrage/verkehrsttraeger-anteil-co2-emissionenfos-sile-brennstoffe/ (23.8.20). Zur Umweltproblematik kommen u. a. die Raumknappheit in Städten und die Benachteiligung anderer Verkehrsformen durch das Auto. Prognosen zum künftigen Fahrzeugbestand: energiedirect.at/media/pdf/2c/9d/cf/shell-pkw-szenarien-bis-2040-vollversion.pdf (23.8.20). Zum Fahrradverkehr: Es gibt sogar einen Index, der die Bemühungen misst, um das Rad als Verkehrsform zu etablieren. Dieser *Copenhagenize Index* misst 13, auch Planungen umfassende Kriterien und ist eher für die Planung geeignet, während Nutzerinnen und Nutzer sich besser durch den *Fahrradklimatest* informieren. copenhagenizeindex.eu (23.8.20) und fahrradklima-test.de (23.8.20).

verkehr in den Städten zugunsten des öffentlichen Verkehrs vermindert werden soll, die Prognosen weisen in die gegenteilige Richtung: Sie gehen teilweise von einer Verdoppelung des Automobilbestandes bis 2040 aus.

Damit verbunden sind große ökonomische Fragen. Auf der einen Seite erfordert ein Umbau der Städte auf eine umweltverträgliche Mobilität enorme Investitionen. Auf der anderen Seite stehen weltweite Umsätze von derzeit über 3,3 Billionen US-Dollar und das Interesse, diese möglichst zu steigern. Es ist unklar, wie dieser Zielkonflikt und seine Folgen für Städte zu lösen sind.

Die gegenwärtige Debatte bestimmen allerdings andere Themen, allen voran neue Formen der urbanen Mobilität. Diskutiert und teilweise umgesetzt werden ein Ausbau der öffentlichen Verkehrsnetze, der Radwege, Park + Ride-Angebote, Car Sharing, E-Scooter und vieles andere mehr. Zu beobachten sind zudem Spezialisierungen und beispielhafte Lösungen. So haben sich einige Städte zu *Fahrradstädten* entwickelt wie *Amsterdam, Kopenhagen, Utrecht, Barcelona* und *Portland*. Kennzeichen solcher Lösungen sind gut ausgebaute Infrastrukturen mit Fahrradwegen, darunter Schnellwege, Fahrradparkhäuser usw. Im Ergebnis führen sie zu einer deutlichen Steigerung des Anteils der Radfahrerinnen und Radfahrer, sodass zum Teil über 50 Prozent des innerstädtischen Verkehrs mit diesem Verkehrsmittel erfolgt. Diese Beispiele stehen für erfolgreiche Ansätze. Global ist ihr Anteil noch gering, und sie lösen auch nicht alle Probleme für alle in allen Städten. Was sich wo langfristig durchsetzt, ist nicht absehbar. Als sicher kann lediglich gelten, dass eine neue Vielfalt die Monokultur des Automobils abgelöst, zumindest ergänzt hat.

5. Analog und digital

Das Internet ist die einflussreichste Zivilisationstechnik der Gegenwart. Binnen einer Generation entwickelt es sich zum weltweit verbreiteten Universalwerkzeug.

2020 nutzen das *World Wide Web* knapp vier Milliarden Menschen, das sind etwa 60 Prozent der Weltbevölkerung. Die Digitalisierung reicht jedoch weiter und greift tiefer. Neben einer nahezu unbegrenzten Zahl von Anwendungen in allen Feldern durchdringt sie das gesamte Leben. Verändern frühere industrielle Revolutionen zunächst die Arbeitswelt und in der Folge das Privatleben, wälzt die Digitalisierung beides gleichermaßen in einem nie gekannten Tempo um. In einem weiteren Punkt unterscheidet sich diese von allen anderen technologischen Revolutionen: Über die für die Anwendung erforderlichen Informationen fallen zusätzliche Daten an. So melden Autos ungefragt, wie viele auf einer bestimmten Strecke unterwegs sind, ob ein Stau droht und ein anderer Weg Zeit spart. Oder Smartwatches empfehlen, noch einige Schritte zu gehen, um ein gesundheitsförderndes Tagespensum zu erreichen.

Probleme der Digitalisierung

1) Die Sicherheit digitaler Lösungen ist begrenzt. Durch die weite Verzweigung der Verwaltung sind unterschiedliche Geräte und Softwarelösungen in Verwendung. Das macht verwundbar.

2) Für eine bestimmte Zeit erfordert die Umstellung routinemäßiger Vorgänge („digitale Akte") Mehr- und Doppelarbeit. Die Praxis ist nicht trivial.

3) Digitalisierung schafft Abhängigkeiten. Acht der zehn größten Anbieter stammen aus den USA, China hat sich seinen eigenen Markt geschaffen, Russland strebt in die gleiche Richtung. Einerseits haben Hersteller vor allem ihren Gewinn im Auge, andererseits sind mit den Angeboten Sicherheitsrisiken verbunden, wie sie etwa bei einer Beteiligung des chinesischen Staatskonzerns Huawei am Ausbau des neuesten Standards (G5) kontrovers diskutiert werden.

4) Wo Daten gesammelt werden, können sie auch missbraucht werden. Das gilt für jede Art von Daten. Für Dimensionen und Tempo gibt es keinen Vergleich.

„Für welches Problem ist die Digitalisierung ein Lösung?"[101] Die grundstürzende Folge der Digitalisierung besteht zum einen darin, dass sie einen Mehrwert erzeugt, den eine bestimmte Anwendung gar nicht zwingend erfordert, und zum anderen, dass sie Antworten anbietet, von denen zuvor niemand wusste, dass es überhaupt eine Frage danach gab. Dabei gilt die einfache Erkenntnis: „Technik setzt sich … durch, wenn sie funktioniert."

Für Städte entstehen dadurch ganz neue Möglichkeiten. Ein großer Teil der *Infrastruktur*, des Verkehrs und der Verwaltung werden heute schon vollständig oder teilweise digital gesteuert und sind so dichter und effizienter geworden. Für Nutzerinnen und Nutzer gibt es ferner zahlreiche einfach verfügbare kommunale Dienstleistungen aller Art; und neuere Stadtkonzepte wie die *Smart City* (Kapitel IV.B.5.) stellen die Digitalisierung gar in den Mittelpunkt ihrer Überlegungen. Die beiden Kernargumente für die Nutzung der Digitalisierung in und durch Städte lauten: 1) *Effizienz*: Ein erheblicher Teil der bisherigen Steuerungsaufgaben kann besser und schneller erledig werden. 2) *Möglichkeiten*: Die Vernetzung verschiedenster Felder eröffnet Möglichkeiten, die es bisher nicht gibt.

In der ersten Hochphase der Digitalisierung sind die Erwartungen hoch. So verkündet das neonbunte, einen Punk-Habitus pflegende Magazin „WIRED" im Frühjahr 2000 mit Blick auf die USA: „Als Nation sind wir besser ausgebildet, toleranter und besser vernetzt aufgrund – nicht trotz – der Konvergenz von Internet und öffentlichem Leben."[102] Das erweist sich kaum eine Dekade später als die vielleicht größte Lebenslüge der Netzgemeinde, ist aber dennoch kein Grund zur Maschinenstürmerei, sondern eher für einen sachlichen Blick.

Neben den grundsätzlichen Vorteilen der Digitalisierung – sowie einer Reihe von Anpassungsfolgen, die jeder technologische Wandel mit sich bringt –, gibt es für Städte ein Grundsatzproblem: Sind kommunale Leistungen an die Nutzung eines Werkzeugs wie die Digitalisierung gebunden, schließt das – wie die mangelnde Fähigkeit, lesen und schreiben zu können, – einen Teil der Bevölkerung

---

101 So der Soziologe Nassehi, Armin (2019), Muster. Theorie der digitalen Gesellschaft. München, S. 12. Das folgende Zitat: S. 326.
102 Zitiert nach: Lepore, Jill (2019), Diese Wahrheiten. Eine Geschichte der Vereinigten Staaten von Amerika. München, S. 890.

aus. Staatstheoretisch ist das eine Kapitulation, denn grundsätzlich sind Städte (als staatliche Institution) für alle Bürgerinnen und Bürger verantwortlich.

Werkzeuge, die ausschließen, nehmen die Spaltung der Stadtgesellschaft in Kauf, fördern sie sogar. Erscheinen alle anderen Probleme der Digitalisierung als lösbar, so ist der Ausweg hier unklar. Digitale Überheblichkeit, ein nicht selten in der neuen Mittelklasse anzutreffender Zug, verstellt eher den Blick auf Lösungsmöglichkeiten und ist ebenso „kontraproduktiv" wie entsprechende Apelle. Dieses Problem braucht eine wirklich kluge Lösung, um die in der Digitalisierung liegenden Möglichkeiten für die gesamte Stadtgesellschaft nutzen zu können.

Eine ähnliche Problematik besteht auch beim nächsten Thema.

6. Stadt und Land

Ist es übertrieben das Ende des Dorfes zu prognostizieren? Über die längste Zeit der Menschheitsgeschichte ist das Dorf die beste Lösung, um das Leben und Überleben zu sichern. Die überwiegende Mehrzahl der Menschen lebt in Dörfern, in denen sich alle Bewohnerinnen und Bewohner kennen.

Inzwischen leben mehr Menschen in der Stadt, und ihre Zahl steigt weiter. Damit wachsen auch die Unterschiede zwischen Stadt und Land in einer Weise, die keinen Vergleich kennt. Hier besteht ein eigentümlicher Widerspruch: Auf der einen Seite nimmt die Zahl der Menschen stetig ab, die einen bäuerlichen Lebensstil lebt, wofür die Industrialisierung der Landwirtschaft mitverantwortlich ist. Auch das Leben auf dem Land ist mit den bekannten Kennzeichen wie Arbeitsteilung, Nutzung moderner Technologien vom Automobil bis zum Internet zunehmend urbanisiert.

Auf der anderen Seite konzentriert sich die moderne Wissensökonomie in der Stadt und übt eine hohe Sogwirkung aus. Dadurch gerät das Land weiter unter Druck: Gegenüber der Stadt „werden ländliche Räume, die unter Abwanderung von qualifizierten jungen Leuten leiden, dadurch stetig unattraktiver, sodass Versorgungsfunktionen immer mehr abgezogen werden".[103]

ⓘ Perspektiven für das Dorf

Urbane Ideen aufs Land übertragen formuliert eine Studie des Berlin Instituts aus dem Jahr 2019: berlin-institut. org/fileadmin/user_upload/Urbane_ Doerfer/BI_UrbaneDoerfer_Online. pdf (23.8.20).

Nachhaltige Ernährung fördern die Slow Food Villages: slowfood.com/de/ die-rueckkehr-der-doerfer-premiere- fuer-die-weltweit-ersten-slow-food- villages/ (23.8.20).

Ein Beispiel aus Äthiopien ist das Dorf Awra Amba: Gleichberechtigung, keine Religionen und gemeinsame Arbeit für das Gemeinwohl charakterisieren Awra Amba: visitawraamba.com (23.8.20).

Abbildung 14

103 Reckwitz, Andreas (2019), S. 296. Keim, Karl-Dieter (2006), Peripherisierung ländlicher Räume. Beide in: Aus Politik und Zeitgeschichte, Jg. 37, S. 3–7. Zu den USA: Tiefer als die meisten aktuellen Analysen blickt: Packer, Georg (2014, Original 2013), Die Abwicklung. Eine innere Geschichte des neuen Amerika. Frankfurt a. M. Zur sozialräumlichen Spaltung

Das Land blutet aus – und wehrt sich auf seine Weise. Am extremsten schlägt sich das in der Politik nieder, wo – wie etwa in den USA – „antielitäre" Kräfte erstarken und in höchste Ämter gelangen. Der Weg des *Donald Trump* steht beispielhaft dafür. Im Ergebnis verstärkt eine räumliche Spaltung die gesellschaftlichen Spaltungen. Mit der 2019 ausgebrochenen Pandemie wird aus der sozialen eine physische Spaltung, als einige Landkreise die Städter aussperren. Die vielleicht radikalste Antwort auf dieses Problem gibt die chinesische Regierung, die das gesamte Land urbanisieren möchte. Für die meisten Länder ist dies kein gangbarer Weg. Immerhin ist die Problematik erkannt und wird fundiert diskutiert. Die Aufgabe besteht darin, ein neues Verhältnis zwischen Stadt und Land zu finden, mit einem für alle akzeptablen Interessenausgleich.[104] Erste Ansätze, Ideen und Projekte sind durchaus vielversprechend.

So wie die Stadt ein neues Verhältnis zum Land finden muss, so gilt es auch, ihre Rolle in der Welt neu zu bestimmen.

7. Stadt und Welt

Welchen Ort hat die Stadt in der Welt? Für die Kommunalwissenschaft ist die Frage klar: Als territoriale und hoheitliche Gebietskörperschaft ist sie im Staatsaufbau unterhalb der National- und der Gliedstaaten angesiedelt *(Abbildung 15)*.

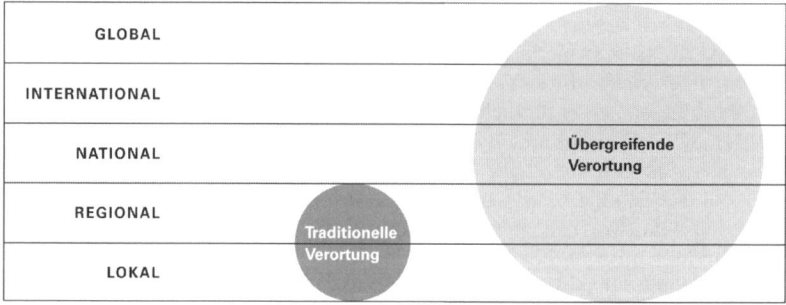

Abbildung 15: Verortung der Stadt im Ebenenmodell

und insbesondere zur Situation auf dem Land: Brätzing, Werner (2020), Das Landleben. Geschichte und Zukunft einer gefährdeten Lebensform. München.

104 Willisch, Andreas (2008). Die Zukunft des Dorfes: Produktionszonen und periphere Menschen. In: Rehberg, Karl-Siegbert (Hrsg.), Die Natur der Gesellschaft: Verhandlungen des 33. Kongresses der Deutschen Gesellschaft für Soziologie in Kassel 2006. Teilband 1 und 2. Frankfurt a. M., S. 577–591. ssoar.info/ssoar/handle/document/18381 (23.8.20).

1) Berlin (West), Deutschland 1945–90

Nach den Rosinenbombern die Stille. Später enden Spaziergänge an der Mauer. „Die Städte Berlin." (Uwe Johnson) Die Halbstadt West, sich selbst behauptend, will nicht nur Spielball der Politik sein, empört sich in einem historischen Augenblick zum Subjekt. „We can be heroes | Just for one day."

2) Pitigliano, Italien

Eine Zeitkapsel in Tuff. Außen erstarrt zum Felsen, innen doch voller Leben. Gelassen erträgt sie die Menschen. Weit genug weg von den durch Bilderfluten entwerteten Hot Spots. Nach dem Sommerregen auf der dampfenden Piazza ein Glas des widerborstigen „Pitiglio". Ein perfekter Moment.

3) Detroit, USA

Eisiger Januarwind. Ein einziges Licht ganz oben im *Book-Tower*. Beete zwischen den Blocks. Restaurants werben mit „Made in Detroit". Gemüse, Fisch, Fleisch vom *Eastern Market* erobert die Stadt. In *Mowtown* Cocktails von einer umwerfenden Originalität. Detroit erobert sich ein neues Leben – eines der Wunder unserer Zeit.

4) Marrakesh, Marroko

Mokka am schläfrigen Mittag. Der Versuch, dem Fleischer klarzumachen, was ich einkaufen möchte, endet in herzlichem Lachen. Dann wechselt er ins Deutsche, 35 Jahre Müllmann in Gelsenkirchen. Er stellt eine Auswahl seiner Würste zusammen und führt über den Markt. Marrakesch – eine Stadt die lächelt.

5) Lhasa, Tibet

Rote vs. Gelbe. Konflikte, Kämpfe – so friedlich ist es dort gar nicht. Grummeln im Untergrund. Gegen Kolonialisierung ... mit Ausnahme der Straßen. Und der Aufforstung. Und der Schulen. Und der Bahn. In einer Seitenstraße ein Schild in deutscher Sprache: „Kaffee und Kuchen".

6) Sharija, Vereinigte Arabische Emirate

Dubai Backstage im Schatten der glitzernden Hochhäuser. Dutzende Arbeiter quellen aus einem Kleinbus, setzen sich auf die Dächer, atmen durch. Wäsche wird gewaschen, gekocht, Liebe gemacht. An Feiertagen gibt es *Schwarzwälder Kirsch* vom pakistanischen Bäcker um die Ecke.

7) Buchara, Usbekistan

Wenn die Sonne am Stadtplatz untergeht, wechselt die Getränkekarte der Restaurants. Die Stadt mit ihren historischen Momenten lehnt sich zurück, entspannt bei Kaltgetränken und erzählt ihre Geschichten.

8) St. Petersburg, Russland

Für den 8. Mai bombt das Militär ein Loch in die Wolken über die Stadt, die sich wie *Leningrad* fühlt. Die Sonne knallt, tropische Luftfeuchtigkeit. Pro Person zwei Flaschen Wodka zwischen den Beinen morgens um neun ... dann die Parade.

9) Washington D.C., USA

Einige Blocks jenseits des Loop mit den ehrwürdigen Institutionen der Politik, Kultur und Geschichte lebt ein anderes Washington: *Kramer Books* am *Dupont Circle*; Cafés, Geschäfte in *Adams Morgan*, hier lebt die Schlagzeilenstadt ihren entspannten Alltag.

10) Sintra, Portugal

Punkt 18 Uhr fährt der letzte Touristenbus ab. Aufatmen. Einwohnerinnen und Einwohner treten vor die Tür, nicken sich zu, heben das Glas, trinken und schweigen erleichtert für einige Augenblicke. Jetzt ist es ihre Stadt.

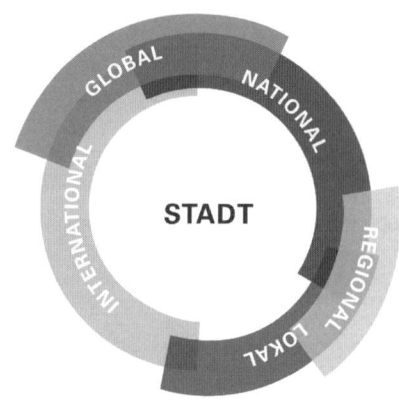

Abbildung 16: Verortung der Stadt im Modell sich überschneidender Segmente

Die mit den *Internationalen Beziehungen* befassten Kolleginnen und Kollegen haben größere Probleme, die Stadt zu verorten. Die *Global City* beispielsweise liegt quer zu den Denkfiguren des Fachs, bei denen immer noch die Staaten eine wichtige Rolle spielen. Modelle, die Ebenen unterscheiden, haben keinen Ort für die Global City. Angesichts der alle Lebensbereiche durchdringenden Verflechtung ist sie in einem hierarchischen System nicht zu positionieren. Der Versuch führt zu einer sinnlosen Darstellung, die nichts erklärt.

Wenn das Ebenenmodell für die moderne Stadt nicht mehr funktioniert, ist eine neue Denkfigur erforderlich. Sie könnte die Stadt ins Zentrum stellen. Werden die bisherigen Ebenen als sich durchdringende Segmente verstanden, bettet das die Stadt a) ein in den Kontext; es ergeben sich b) verschiedene Eindringtiefen oder Einflussstärken und -reichweiten und c) überlagern und durchdringen sich die Segmente zum Teil wie in der Realität auch. Ein solches Modell löst das Ebenenproblem ab, ist wirklichkeitsnäher, aber nicht komplexer *(Abbildung 16)*.

Diese Darstellung versucht den im 21. Jahrhundert bestehenden Verflechtungen und Dynamiken gerecht zu werden. Sie reichen von den wirtschaftlichen Abhängigkeiten mit weltweit agierenden Produktions- und Vertriebsnetzen bis zum weltweit im Sekundentakt agierenden Finanzmarkt und endet längst nicht bei Modetrends aller Art, die den gesamten Globus überziehen.

Für die Stadt folgt daraus eine neue Rolle mit neuen Abhängigkeiten und Möglichkeiten: Einerseits sind Entwicklungen wie die *Globalisierung* und Digitalisierung so wirkmächtig, dass sie in alle Städte eindringen. Andererseits ermöglichen sie Einflüsse, die weit über den eigenen Stadtraum hinausreichen. Ein Stück weit ist dies immer schon der Fall, aber in der Gegenwart erreichen diese Entwicklungen Dimensionen, die einen qualitativen Umschlag bedeuten. Damit erhalten Städte zum Teil Eigenschaften, die bisher Staaten und den *Internationalen Beziehungen* vorbehalten sind.

Um neue Dimensionen und ihre existenzielle Bedeutung für die Stadt geht es im letzten hier behandelten und langfristig wichtigsten Thema.

8. Stadt und Umwelt

Kompakt, schwer und raumbeanspruchend liegt die Stadt in der Umwelt, wie die Stadtgeographie treffend feststellt. Ursprünglich stammt der seit 1800 belegbare Begriff Umwelt aus dem Dänischen *("omverden")* und meint „umgebendes Land, umgebende Welt". Umwelt ist mehr als die nahen Begriffe „Ökosystem" oder „Natur". Kommen alle ohne Menschen aus, ist er Teil der Umwelt, wie schon eine der frühen Definitionen aus dem Jahr 1909 klarmacht, und sie beschreibt als „die Umgebung eines Lebewesens, die auf dieses einwirkt und seine Lebensumstände beeinflusst".[105]

Das gilt auch für die Stadt. Die Umwelt wirkt auf sie ein und bestimmt ein Stückweit ihr Leben, umgekehrt verändern die Städte auch die Umwelt. Letzteres ist das derzeit größte, mehr und mehr Aufmerksamkeit beanspruchende Problem. Diese Entwicklung betrifft alle Felder: den Boden und seine Ressourcen, das Süß- und Salzwasser, die Luft und ihre Qualität sowie schließlich das Klima und das Wetter. Alle diese Themen sind umfassend erforscht, und in der Wissenschaft besteht ein nahezu einmütiger Konsens darüber, dass der menschengemachte Klimawandel ein existenzielles Problem ist. Selbst große Unternehmen, stellen sich auf eine entsprechende Zukunft ein wie die Versicherung „Munich Re", die davon ausgeht, „dass der Klimawandel langfristig zu einer Zunahme von wetterbedingten Naturkatastrophen führt; das wachsende Schadenpotenzial erhöht den Bedarf nach Erst- und Rückversicherungsprodukten".[106]

Alle Studien und Prognosen kommen beim Blick auf die Stadt zum gleichen Ergebnis: „Beim Klimawandel stehen die Städte an vorderster Front. Mehr als die Hälfte der Weltbevölkerung lebt in urbanen Zentren, auch der Großteil der Wirtschaftstätigkeit und der energiebedingten Emissionen konzentriert sich dort."[107] Die Folgen: Direkt am oder in der Nähe des Meeres gelegene Städte können überschwemmt werden oder sogar untergehen. Hitze und schlechte Luft machen das Leben schon jetzt in einzelnen Städten kaum erträglich. Zwar gibt es bereits einzelne Gegenmaßnahmen und Konzepte, ihre Umsetzung erfolgt jedoch zögerlich. Sie wird erschwert durch den derzeit wachsenden Egoismus zwischen den Ländern, der kooperative Maßnahmen erschwert. Wie rasch Veränderungen in diesem Feld möglich sind, zeigt ausgerechnet die Pandemie im Frühjahr 2020. In ihrer Folge reduzieren sich der weltweite Flugverkehr und die Industrieproduktion sowie die damit verbundenen Emissionen deutlich. Gleichzeitig führt die damit verbundene schwere Rezession zu massiven Verschlechterungen und Existenzkrisen. Für dieses Dilemma ist vorerst kein alle Interessen und Notwendigkeiten erfüllender Ausweg in Sicht.

---

105 de.wikipedia.org/wiki/Umwelt (23.8.20).
106 Zitat unten: Munich Re, Geschäftsbericht 2018, S. 76.
107 Klimafakten.de/sites/default/files/images/reports/graphics/klimawandelundstaedteweb.pdf (23.8.20). Ferner: elib.uni-stuttgart.de/handle/11682/9838 (23.8.20).

9. Vielfalt und Wechselwirkungen

Themen prägen Städte und Städte prägen Themen. Die genannten Beispiele werden derzeit besonders heftig diskutiert, sind aber nur ein Ausschnitt des Spek-trums. Grundsätzlich sind Themen nicht an die Stadt gebunden, erfahren hier aber eine besondere Ausprägung. Neben der Dimension kennzeichnen sie eine einflussreiche Wechselwirkung: Zum einen gibt es enge Zusammenhänge zwischen einzelnen Themen. Sie beeinflussen einander, und so sind etwa Gesellschaft ohne Wirtschaft, Lebensstil ohne Wohnsituation usw. nicht sinnvoll zu diskutieren. Keine Aktivität bleibt folgenlos für andere Felder. Themen zu diskutieren, heißt permanent über Fachgrenzen zu blicken und Auswirkungen mitzudenken.

Zum anderen gibt es einige Themen, die enorm wirkmächtig sind und alles andere durchdringen: Dies sind derzeit die großen „game changer" *Globalisierung*, die Digitalisierung und der Klimawandel.

Um diese Vielfalt zu ordnen, priorisieren Stadtbegriffe, Stadtkonzepte und Stadttypen Themen. So werden sie handhabbar, laufen aber, wie im vorigen Kapitel gezeigt, das Risiko, wichtige Einflüsse zu übersehen. Das ist angesichts der weltweit immer noch zunehmenden Verstädterung von großer Tragweite, und oft übersteigen die Folgekosten sogar die ursprünglich versprochenen Vorteile einer Handlung. Das ist vielleicht die wichtigste Erkenntnis, die eine Einführung in dieser Hinsicht bieten kann: Die bisherige, auf *Max Weber* zurückgehende Methode, Themen durch Stadttypen zu priorisieren, ist fragwürdig geworden. So gilt es mit Blick auf die Themen, vor allem die Vielfalt auszuhalten und Wechselwirkungen aufzuspüren. Für eine disziplinär organisierte Wissenschaft ist das unvermindert eine Herkulesaufgabe.

V. UNSERE ZUKUNFT ENTSCHEIDET SICH IN UND MIT DER STADT

Wenn die Stadt die Antwort ist – wie lautet die Frage? Um sie formulieren zu können, haben wir zunächst im theoretischen Teil die mit dem Gegenstand befassten Disziplinen, maßgebliche Expertinnen und Experten sowie schließlich das Wort selbst nach ihrem Verständnis befragt. Als Essenz haben wir ein theoretisches Konstrukt mit fünf Merkmalen formuliert: *Stadt lässt sich verstehen als kreative, verdichtete Vielfalt in einer strukturierten Einheit.*

Stadt als Form

Damit ist die Stadt als eine Form beschrieben, für die gilt: keine Stadt ohne *Vielfalt* und *Infrastruktur*. Ferner bildet jede Stadt auch eine *Einheit*, sei es administrativ, ökonomisch, geographisch, um nur einige Möglichkeiten anzuführen. Diese drei Merkmale sind notwendig, damit von einer Stadt die Rede sein kann, aber sie unterscheiden die Form Stadt noch nicht trennscharf von Dörfern oder Ländern. Auch diese bilden Einheiten, verfügen über eine Infrastruktur und können vielfältig sein. Das Alleinstellungsmerkmal, das nur die Stadt kennzeichnet, ist die *Verdichtung*, also die hohe Zahl von Einwohnern in vergleichsweise kleinen Räumen. Das unterscheidet die Stadt von anderen Formen des Zusammenlebens, etwa von Staaten oder Staatenbündnissen.

Das Janusgesicht des Handelns in der Stadt

Formen setzen den Rahmen für das Handeln der Menschen, und ihre Handlungen gestalten die Formen. Menschen wohnen, arbeiten, kaufen ein, unternehmen verschiedene Dinge in ihrer Freizeit, sofern sie solche haben. Die meisten dieser Aktivitäten geschehen ohne weiteres Nachdenken *effizient*, *zeitnah* und *routinemäßig*. Das unterscheidet Stadt und Land nicht.

Greifen die Routinen nicht, dann sind *neue* und innovative, überraschende und *wegweisende* – mit einem Wort *kreative* – Lösungen erforderlich. Natürlich gibt es kreatives Handeln überall. Individuelle Kreativität findet sich in der Stadt ebenso wie auf dem Land. Die Kreativität unterscheidet sich jedoch dann, wenn Lösungen gesucht werden, die einzelne Menschen nicht bewältigen können.

Städte sind typisch für solche Lösungen. Durch ihre Verdichtung entstehen neue Herausforderungen, die neue Antworten erfordern. Oft sind diese Antworten so kraftvoll, dass sie nicht nur die Stadt verändern, sondern weit über sie hinaus wirken.

Diese Antworten zu bewerten fällt nicht leicht. Über lange Zeit lässt sich ihre Summe als Fortschrittsgeschichte lesen und mit guten Argumenten belegen. Allein eine mit Städten verknüpfte Technologiegeschichte bietet hier von

Ein Beispiel: Zwei dicht besiedelte Gebiete sind durch einen Fluss getrennt. Um sie zu verbinden, gibt es verschiedene Möglichkeiten von der Fähre, dem Bau einer Brücke, dem Überfliegen oder dem Graben eines Tunnels. Welche dieser Lösungen angemessen ist, hängt ab von den Umständen, den technischen Möglichkeiten, Ressourcen, Erfordernissen. Nach heutigen Maßstäben kann eine einfache Stahlbetonbrücke als hinreichend gelten. Kreativ ist diese Lösung nicht. Ganz anders steht es mit der ersten bekannten Steinbrücke, die die Neustadt im Westen mit dem riesigen, am Ostufer des Euphrat gelegenen Tempelkomplex des antiken *Babylon* verbindet. Diese erste Steinbrücke ist eine sehr kreative Lösung: sie ist *neu*, überraschend und *etabliert eine wegweisende Methode* als neuen Standard.[108]

der Medizin über die Elektrifizierung bis zur Digitalisierung reichlich Stoff. Allerdings scheint es so zu sein, dass mit der dynamischen Urbanisierung der Welt inzwischen eine Dimension erreicht ist, in der die Risiken die Gewinne übersteigen.

Neue Antworten auf neue Fragen

Wenn die Stadt zu Beginn ihrer Erfindung als eine regionale Antwort auf ein regionales Problem und später als ein Werkzeug für ein besseres und gutes Leben verstanden wird, so gibt es dieses Motiv heute immer noch. Gleichzeitig sind Gefährdungen und Bedrohungen in einer nie gekannten Dimension entstanden. Wenn dies ein Ergebnis der Moderne ist, so wird verständlich, weshalb der Philosoph *Jean-François Lyotard* die „großen Erzählungen" verabschiedet und weshalb diese Diagnose bis heute ein so großes Echo erlebt. Das führt zu einer Argumentation, wie sie die Philosophin *Susan Neiman* formuliert:

> „Es wird Zeit zu entscheiden, ob wir doch zur Moderne stehen können – samt ihren Möglichkeiten zur Selbstkritik und Veränderung. Das bedeutet weder einen Rückfall in die vormoderne Nostalgie (‚Früher war alles besser, heute sind wir dekadent.') noch das Achselzucken der Postmoderne (‚Auch Dekadenz ist eine Kategorie wie jede andere, die wir schon dekonstruiert haben.'). Es gibt nur drei Möglichkeiten: der Vormoderne nachtrauern, die Postmoderne gähnend begrüßen, die Moderne kritisch fortführen. Letzteres ist der einzige Weg, der Hoffnung auf irgendeine Form von Fortschritt zulässt."[109]

Die Moderne kritisch fortführen – das klingt ein wenig wie lautes Pfeifen im Wald. Bleiben also, wenn die großen Erzählungen nicht mehr tragen, die kleinen Stories.

Genau dieses Bild beschreibt recht gut den Zustand der Stadtforschung: Eine unendliche Vielfalt mit oft grandiosen und faszinierenden Sichten, die je-

---

108 Reste der Brücke wurden durch deutsche Grabungsexpeditionen Anfang des 20. Jahrhundert entdeckt; Marzahn, Joachim; Schauerte, Günther (2008), Babylon. Mythos und Wahrheit. München, S. 75. Im Altertum galt die 123 Meter lange Steinbrücke als eines der – allerdings nicht kanonischen – Weltwunder. Eisele, Petra (2006, Original 1980), Babylon. Götterpforte oder Große Hure. Düsseldorf, S. 114.
109 Neiman, Susan (2016), Die Quellen allen Unglücks? In: Die Zeit 27.10.16. Ferner: Lyotard, Jean-François (1995), Toward the Postmodern. New Jersey.

doch kein Gesamtbild ergeben und deshalb nur schwer zu beurteilen sind. Interdisziplinarität löst vielleicht nicht jedes Problem, hilft aber entscheidend weiter. Diese Einführung versucht ihr Potenzial zu zeigen und zu nutzen. Dabei ergeben die Querverbindungen und Merkmale ein Kriterienraster, das die Vielfalt ordnet, Zusammenhänge erkennen lässt und ein größeres Bild ermöglicht.

Vielleicht ist das auch eine Antwort auf die Verzweiflung an der Moderne, an deren Schaffung die Stadt maßgeblichen Anteil hat. Sie hat die Moderne geprägt – und die Moderne prägt die Stadt. Wenn die Stadt immer noch das beste Werkzeug zur Steigerung der menschlichen Möglichkeiten im Kollektiv ist, bleibt eine der spannendsten Fragen der Gegenwart, wie wir sie sehen und welche Rolle wir ihr bei der Gestaltung der Zukunft geben. Das ist dann wieder eine große Geschichte: Denn die Zukunft wird in und mit der Stadt entschieden.

Postskriptum

Verstreicht die Zeit – oder läuft sie ab? Das ist eine Frage der Perspektive. Jedenfalls ist es keine einfache Sache, über die Stadt und Städte zu forschen, in Zeiten allgemeiner Krisen, die gegen Ende der Abfassung durch die Corona-Pandemie bestimmt wird. Solche Zeiten konzentrieren die Wahrnehmung: Die Fragen werden drängender, die Antworten schärfer.

Am drängendsten ist die Frage der Relevanz. Das lässt einerseits die Lücken deutlicher zutage treten, die natürlich auch dieses Buch hat. Obgleich universell angelegt, kommen einige Kulturen nicht oder nur am Rande vor wie Indien, Afrika, Australien. Das ist ein Mangel. Aber kulturelle Prägungen unter Stadttypen zu fassen, wird der Sache nicht gerecht. Deshalb ist dieses Thema für die Zukunft ebenso vorgemerkt wie der Versuch einer Neuverortung der Stadt in den internationalen Beziehungen. Dennoch helfen die hier vorgelegten Überlegungen hoffentlich, die Stadt klarer zu sehen.

Noch zwei Aspekte sind mir wichtig: die Verbindung von Theorie und Praxis sowie die Frage nach der Unabhängigkeit von Forschung, die immer auch eine Frage von Zeit und Geld ist.

Nach dem Motto, nichts ist praktischer als eine gute Theorie, ist der Verfasser der Auffassung, dass Theorien die Realität erklären müssen, um sie besser zu verstehen und auf dieser Grundlage das Handeln zu verbessern. Es ist mir deshalb wichtig, die Städte, über die ich schreibe, möglichst auch zu sehen. Namentlich genannt sind in diesem Band rund 100 Städte. Knapp die Hälfte der noch bestehenden Städte konnte ich besuchen, in einigen von ihnen habe ich einige Tage verbracht und in einer Handvoll alles in allem mehrere Monate gelebt. Neben *Berlin* bin ich in zwei weiteren zuhause, *Pitigliano* und *Washington D.C.*, was sich u.a. daran ablesen lässt, wenn es plötzlich möglich ist, sich zu Fuß und mit allen verfügbaren Verkehrsmitteln zu bewegen ohne jegliche Navigation.

Forschung ohne Drittmittel ist heute de facto ausgestorben. Wer dies für einen Fehler hält, weil damit eben doch Abhängigkeiten verbunden sind, steht auf verlorenem Posten. Gegen einen Ozean brüllt niemand an. Es lassen sich aber andere Wege gehen und etwa eine Studie komplett selbst finanzieren. Das ist hier der Fall und der fiskalische Gegenwert dieser Arbeit lässt sich – die Arbeitszeit nicht gerechnet – auf den Preis einer gut ausgestatten Premium-Mittelklasse-Limousine taxieren. In dieser Arbeit stecken keinerlei fremdes Geld und somit auch keine externen Interessen. Das klärt auch die Verantwortung: Alle Fehler und Irrtümer verantwortet der Autor vollständig selbst.

Dank

Detlef Lehnert danke ich für seine kritische Lektüre und seine inspirierenden Argumente. Stefalina Midialkou hat die Homepages von Städten in aller Welt untersucht. Frank Odening hat meine Vorstellungen zu Abbildungen eine graphisch überzeugende Form gegeben. Das kompetente und sorgfältige Lektorat hat Ulrike Weingärtner (TextAkzente) besorgt. Für die stets engagierte verlegerische Betreuung danke ich Sarah Rögl.

Abbildungen, Tabellen

Von Frank Odening stammen alle Vignetten sowie die Abbildungen auf den Seiten 11, 81, 130 und 132. Weitere Abbildungen: Bundesarchiv, Bild 146-1986-029-02 / CC-BY-SA 3.0 (Abbildung 8, Seite 94), Pedro França/Agência Senado (Abbildung 9, Seite 94), Wolfgang Sauber (Abbildung 2, Seite 13), Reinhard Dietrich (Abbildung 3, Seite 13). Vom Autor stammen die weiteren Abbildungen auf den Seiten 56, 62, 70, 105, 114, 123, 129 und 131. Nicht alle Urheber von Bildrechten konnten recherchiert und erreicht werden, deshalb bittet der Autor in solchen Fällen darum, dass sie sich bei ihm melden: uweprell@gmx.de. Die Tabellen hat der Autor erstellt. Die Tabellen 1, 2, 5, 8 und 9 sowie der Infokasten auf S. 65 sind Weiterentwicklungen und Aktualisierungen aus den Bänden „Prell, Uwe (2016), Theorie der Stadt in der Moderne. Kreative Verdichtung. Opladen, Berlin, Toronto" sowie „Prell, Uwe (2017), Die Stadt: zwölf Sprachen – fünf Bedeutungen. Ein Beitrag zur Theorie der Stadt. Opladen, Berlin, Toronto".

Literatur

Die Literatur zum Thema Stadt erstreckt sich über mehr als ein Dutzend Disziplinen und ist nicht mehr überschaubar. Diese Literaturliste kombiniert viel diskutierte und einflussreiche sowie klassische Texte mit neueren, starke Impulse setzende Arbeiten. Ausführliche Bibliographien finden sich in: Prell, Uwe (2016), Theorie der Stadt in der Moderne. Kreative Verdichtung. Opladen, Berlin, Toronto; und Prell, Uwe (2017), Die Stadt: zwölf Sprachen – fünf Bedeutungen. Ein Beitrag zur Theorie der Stadt. Opladen, Berlin, Toronto.

Die hier aufgenommenen Titel sind durchweg in Bibliotheken zugänglich sowie – mit Ausnahme des legendären „Handwörterbuch der Soziologie" von 1931 – auch im Buchhandel neu oder antiquarisch analog und teilweise digital verfügbar. Das Internet ist heute eine unverzichtbare Informationsquelle, insbesondere bei der Recherche. In zahlreichen Fällen, etwa bei Enzyklopädien oder Wörterbüchern, ist die Zuverlässigkeit hoch. Bei der Nutzung sind zwei gravierende Mängel zu berücksichtigen: Zum einen erweist sich die Digitalisierung analoger Quellen nicht immer als zuverlässig, zum anderen sind nicht alle Quellen dauerhaft verfügbar. Die hier verwendeten digitalen Quellen wurden deshalb mit Abschluss des Manuskripts vollständig überprüft und als PDF archiviert.

Die folgenden 50 Titel sind meine persönliche Essenz. Dass nicht alle Arbeiten unmittelbar mit der Stadt zu tun haben, liegt an der Komplexität des Themas.

Amin, Ash; Graham, Stephen (1997), The Ordinary City. Transactions of the Institute of British Geographers, S. 411–429.

Assmann, Ulrike; Born, Lukas; Kochendörfer, Bernd; Pahl-Weber, Elke; Zehner, Carsten (Hrsg.) (2014), Future Megacities. Berlin. Bd. 1: Energy and Sun, Bd. 2: Mobility and Transportation, Bd. 3: Capacity Development, Bd. 4: Local Action and Participation: Space, Planning, and Design.

Barber, Benjamin R. (2013), If Mayors ruled the world. Dysfunctional Nations, rising Cities. New Heaven, London.

Bourdieu, Pierre (1982, Original 1979), Die feinen Unterschiede. Kritik der gesellschaftlichen Urteilskraft. Frankfurt a. M.

Bronger, Dirk (2004), Metropolen, Megastädte, Global Cities. Die Metropolisierung der Erde. Darmstadt.

Castells, Manuel (1996–1998), The Information Age: Economy, Society, and Culture. Oxford, Malden MA. | Vol. 1 (1996), The Rise of the Network Society. | Vol. 2 (1997), The Power of Identity. | Vol. 3 (1998). End of Millennium.

Davis, Mike (2007, Original 2006), Planet der Slums. Berlin.

Deakin, Mark; Mora, Luca (2019), Untangling Smart Cities. From Utopian Dreams to Innovation Systems for a Technology-Enabled Urban Sustainability. Amsterdam.

Dilcher, Gerhard (1999), Stadtrecht, in: Bader, Karl Siegfried; Dilcher, Gerhard (Hrsg.) (1999), Deutsche Rechtsgeschichte. Land und Stadt – Bürger und Bauer im Alten Europa. Berlin, Heidelberg, New York, S. 1863.

Frey, Oliver; Koch, Florian (Hrsg.) (2011), Positionen zur Urbanistik I. Stadtkultur und neue Methoden der Stadtforschung. Positionen zur Urbanistik II. Gesellschaft, Governance, Gestaltung. Wien, Berlin.

Friedrichs, Jürgen (1977), Stadtanalyse. Soziale und räumliche Organisation der Gesellschaft. Reinbek.

Glaeser, Edward (2011), Triumph of the City. How urban spaces make us human. London.

Hackworth, Jason (2007), The Neoliberal City. Governance, Ideology, And Development in Amerivan Urbanism. New York City.

Heinrich, Klaus (2015), Dahlemer Vorlesungen – Karl Friedrich Schinkel/Albert Speer. Arch+, Ausgabe 219 vom 20.07.2015.

Hoffmann-Axthelm, Dieter (1993), Die dritte Stadt. Frankfurt a. M.

Jacobs, Jane (2015, Original 1961), Tod und Leben großer amerikanischer Städte. Gütersloh, Berlin.

Joas, Hans (1996, Original 1992), Die Kreativität des Handelns. Frankfurt a. M.

Johanek, Peter; Post, Franz-Joseph (Hrsg.) (2004), Vielerlei Städte. Der Stadtbegriff. Köln, Weimar, Wien.

Krastev, Ivan; Holmes, Stephan (2019), Das Licht, das erlosch. Eine Abrechnung. Berlin.

Lefebvre, Henri: (1968), Le droit à la ville. Paris.

Lichtenberger, Elisabeth (2002), Die Stadt. Von der Polis zur Metropolis. Darmstadt.

Ljungkvist, Kristin (2016), The Global City 2.0. From strategic site to global actor. London, New York City.

Lyotard, Jean-François (1995), Toward the Postmodern. New Jersey.

Mann, Michel (1994, Original 1986), Geschichte der Macht. Bd. 1. Von den Anfängen bis zur Griechischen Antike. Frankfurt a. M., New York.

Mills, Edwin; Hamilton, Bruce W. (1994), Urban Economics. New Jersey.

Mossberger, Karen; Clarke Susan E.; John, Peter (Eds.) (2012), The Oxford Handbook of Urban Politics. New York.

Mumford, Lewis (1963, Original 1961), Die Geschichte der Stadt. Köln, Berlin.

Nassehi, Armin (2019), Muster. Theorie der digitalen Gesellschaft. München.

Naßmacher, Hiltrud; Naßmacher, Karl-Heinz (1999), Kommunalpolitik in Deutschland. Opladen.

Nissen, Hans J. (2012), Geschichte Altvorderasiens. München.

Noller, Peter (1999), Globalisierung, Stadträume und Lebensstile. Kulturelle und lokale Repräsentationen des globalen Raums. Opladen.

Oswald, Philipp (Hrsg.) (2005), Schrumpfende Städte. Bd. 1 und 2. Berlin.

Park, Robert Ezra; Burgess, Ernest Watson (1992, Original 1925), The City. Suggestions for Investigation of Human Behaviour in the Urban Environment. Chicago, London.

Packer, Georg (2014, Original 2013), Die Abwicklung. Eine innere Geschichte des neuen Amerika. Frankfurt a. M.

Paddison, Ronan; Timberlake, Michael (Eds.) (2010), Urban Studies. Economy. Los Angeles, London, New Delhi, Singapore, Washington DC. Vol. I: What are Cities? – Vol. II: The Urban Economy – Vol. III: Connected Cities – Hinterlands, Hierarchies, Networks and Beyond –Vol. IV: Political Economy of Real Estate – Social and Political Aspects of Urban Development.

Paddison, Ronan; Ostendorf, Wim (Eds.) (2010), Urban Studies. Society. Los Angeles, London, New Delhi, Singapore, Washington DC. Vol. I: Cities as Social Spaces – Vol. II: Experience the City – Vol. III: Designing and Planning Cities – Vol. IV: Cities, Ideas and Ideals

Posener, Julius (1978–83), Vorlesungen I–V. Arch+ Ausgaben 48 (1.12.1979), 53 (1.9.1980), 59 (1.10.1981), 63/64 (1.7.1982), 69/70 (1.8.1983).

Preuss, Hugo (1906), Die Entwicklung des deutschen Städtewesens. Bd. 1: Entwicklung des deutschen Städtewesens. Leipzig.

Reckwitz, Andreas (2019), Das Ende der Illusionen. Politik, Ökonomie und Kultur in der Spätmoderne. Berlin.

Richardson, Henry W.; Nam, Chang Woon (Hrsg.) (2014), Shrinking Cities. New York.

Rink, Dieter; Haase, Annegret (Hrsg.) (2018), Handbuch Stadtkonzepte. Analysen, Diagnosen, Kritiken und Visionen. Opladen, Toronto.

Rolf, Jan Hauke (2006), Urbane Globalisierung. Bedeutung und Wandel der Stadt im Globalisierungsprozess. Wiesbaden.

Sassen, Saskia (1991), The Global City: New York, London, Tokyo. Princeton.

Saunders, Doug (2011), Arrival City. München.

Schäfer, Michael (2014), Kommunalwirtschaft. Eine gesellschaftspolitische und volkswirtschaftliche Analyse. Wiesbaden.

Scott, Alen J. (2001), Global City-Regions. Trends, Theory, Policy. Oxford.

Simmel, Georg (1984, Original 1903), Die Großstädte und das Geistesleben, in: Simmel, Georg, Das Individuum und die Freiheit. Berlin, S. 192–204.

Sitte, Camillo (2002, Original 1889), Der Städtebau nach seinen künstlerischen Grundsätzen. Wien.

Sombart, Werner (1931), Siedlungen. II. Städtische Siedlung. Stadt, in: Vierkandt, Alfred (Hrsg.), Handwörterbuch der Soziologie. Stuttgart, S. 527–532.

Weber, Max (2000, Original 1922), Studienausgabe der Max Weber Gesamtausgabe. Abt. I. Schriften und Reden. Bd. 22. Wirtschaft und Gesellschaft: die Wirtschaft und die gesellschaftlichen Ordnungen und Mächte; Nachlass Teilband. 5. Die Stadt. Herausgegeben von Winfried Nippel. Tübingen.

Sachregister

Städteregister

Personenregister

Amin, Ash 7, 53–55, 59
Aristoteles 7, 19, 32, 33, 43, 46, 48, 55,
    58, 62, 64, 73, 77
Aravena, Alejandro 123

Bauman, Zygmunt 56
Beck, Ulrich 124
Bloch, Ernst 32
Bowie, David 70
Breasted, James Henry 11
Braudel, Fernand 24

Brinkmann, Melanie 109
Bregović, Goran 70

Calvino, Italo 56
Castells, Manuel 18
Cerdá, Ildefons 16, 18, 57
Cicero 32, 46, 65

Dagerman, Stig 56
Darwin, Charles 24
Davis, Mike 98, 99, 120
Demosthenes 62
Dilcher, Gerhard 27, 28
Drosten, Christian 109

Engels, Friedrich 48

Fairchild, Thomas 24
Fichte, Johann Gottlieb 32
Friedrichs, Jürgen 7, 20, 50, 51, 58, 78
Frey, Oliver 17

Gershwin, George 56
Graham, Stephen 7, 53–55, 59
Grimm, Jacob 71
Grimm Wilhelm 71

Harris, Robert 56
Hegel, Georg Wilhelm Friedrich 32
Heit, Alfred 31
Held, Gerd 54
Hoffmann-Axthelm, Dieter 19, 56
Holms, Stephen 121

Joas, Hans 79

Kant, Immanuel 31, 32, 56
Kelsen, Hans 32
Kekulé, Alexander 109
Koch, Florian 17
Krastev , Ivan 121

Le Corbusier 26
Lefebvre, Henri 18, 32
Lennon, John 70, 87
Libbe, Jens 99, 100
Lichtenberger, Elisabeth 10, 23
Li Keqiang 75
Lyotard, Jean-François 32, 33, 136

Marley, Bob 70
Marx, Karl 32, 48, 106
Mehta, Suketu 56, 99
Morus, Thomas 32
Mumford, Lewis 18, 20, 24, 56

Naßmacher, Hiltrud & Karl-Heinz 34
Neubauer, Dirk 56
Nissen, Hans J. 5, 30, 116
Noah, Yuval 6

Orbán, Viktor Mihály 121

Paddison, Ronan 23, 34
Pagano, Michael A. 35
Park, Robert Ezra 18, 48, 50, 97
Platon 32, 43, 62

Radbruch, Gustav 32
Ratzel, Friedrich 24
Rawls, John 32
Reckwitz, Andreas 124

Sassen, Saskia 7, 9, 19, 34, 37, 39, 51–55,
    59, 88
Saunders, Doug 96–99, 115, 120
Saviano, Roberto 56
Schelsky, Helmut 124